LETTRES
ANGLOISES.

TOME PREMIER.

SECONDE PARTIE.

LETTRES ANGLOISES,

OU

HISTOIRE

DE MISS

CLARISSE HARLOVE.

TOME PREMIER.

SECONDE PARTIE.

A LONDRES,

Chez N O U R S E , Libraire, dans
le Strand.

M. D C C. L I.

HISTOIRE
DE
CLARISSE
HARLOVE.
SECONDE PARTIE.

LETTRE XXVIII.

Miss Clarisse Harlove, à Miss Howe.

Vendredi 10. de Mars.

ROUVEZ bon, ma chere, que je vous rappelle quelques endroits de votre Lettre, qui me touchent sensiblement.

En premier lieu, vous me permettrez de vous dire que malgré l'abbattement de

mes efprits, je fuis très-fâchée contre
vos réfléxions fur mes proches ; particuliérement contre celles qui regardent
mon pere & la mémoire de mon grand-
pere. Votre mere même n'échappe point
au tranchant de votre cenfure. Dans le fentiment d'un cuifant chagrin, on s'emporte quelqu fois à parler librement de ceux
qu'on aime & qu'on honore le plus ; mais
on n'eft pas bien aife que d'autres prennent la même liberté. D'ailleurs vous
avez un tour d'expreffion fi vif contre
tout ce que vous prenez en averfion,
que lorfque ma chaleur eft un peu re-
froidie, & que mes réfléxions me font
appercevoir à quoi j'ai donné occafion,
je fuis obligée de tourn r mes reproches
contre moi-même. Convenons donc qu'il
me fera permis de vous adreffer mes
plaintes, lorfque je les croirai juftifiées
par ma fituation ; mais que votre rôle fera d'adoucir l'amertume de mes chagrins,
par d s avis qu perfonne n'entend mieux
à donner que vous ; avec cet avantage
extrême, que vous favez parfaitement
quel prix j'y ai toujours attaché.

Je ne puis défavouer que mon cœur ne
foit flatté de me voir fécondée par votre
jugement, dans le mépris que e crois
devoir à M. Solmes. Cependant, per-

mettez-moi de vous dire qu'il n'eſt pas ſi horrible que vous le repréſentez ; du moins par la figure ; car du côté de l'ame , tout ce que j'ai appris de lui me porte à croire que vous lui avez rendu juſtice. Mais votre talent eſt ſi ſingulier pour peindre, comme vous dites , les laides reſſemblances, & votre vivacité ſi extraordinaire, que l'un & l'autre vous emporte quelquefois hors des bornes de la vraiſemblance. En un mot , ma chere , je vous ai vûë plus d'une fois prendre la plume , dans la réſolution d'écrire tout ce que votre eſprit , plutôt que la vérité , pourroit vous dicter de convenable à l'occaſion. On pourroit penſer qu'il m'appartient d'autant moïns de vous quereller là - deſſus , que vos dégoûts & vos averſions viennent ici de la tendreſſe que vous avez pour moi. Mais ne devons nous pas toujours juger de nous-mêmes & de ce qui nous touche , comme nous pouvons nous figurer raiſonnablement que les autres jugeroient de nous & de nos actions ?

A l'égard du conſeil que vous me donnez de reprendre mes droits , je ſuis réſoluë de ne jamais entrer en diſpute avec mon pere , quelque mal qu'il puiſſe m'en arriver. J'entreprendrai peut - être une autre fois de répondre à tous vos raisonnemens ; mais je me contente d'observer aujourd'hui que Lovelace même me jugeroit moins digne de ses soins, s'il me croyoit capable d'une autre résolution. Ces hommes, ma chere, au travers de toutes leurs flatteries, ne laissent pas de jetter les yeux devant eux sur le solide. Et ce n'est pas là-dessus que je les condamne. L'amour, considéré en arriére, doit paroître une grande folie, lorsqu'il a conduit à la pauvreté des personnes nées pour l'abondance, & qu'il a réduit des ames généreuses à la dure nécessité de l'obligation & de la dépendance.

Vous trouvez, dans la différence de nos caractéres, une raison fort ingénieuse de l'amitié que nous avons l'une pour l'autre. Je ne me la ferois jamais imaginée. Elle peut avoir quelque chose de vrai ; mais vraie ou non, il est certain que de sang froid, & lorsque je me donnerai le tems de réfléchir, je ne vous en aimerai que mieux pour vos corrections & vos reproches, quelque sévérité que vous y puissiez mettre. Ainsi ne m'épargnez point, ma chere amie, lorsque vous me surprendrez dans la moindre faute. J'aime votre agréable raillerie. Vous sçavez que je l'aime ; & toute sérieuſe que vous me croiez, vous ai-je jamais reproché d'être *trop éveillée*, comme vous le dites trop durement de vous-même?

Une des premieres conditions de notre amitié a toujours été de nous dire ou de nous écrire mutuellement ce que nous penſons l'une de l'autre; & je crois cette liberté indiſpenſable, dans toutes les liaiſons de cœur qui ont la vertu pour fondement.

J'ai prévû que votre mere ſe déclareroit pour l'obéiſſance aveugle de la part des enfans. Malheureuſement la nature des circonſtan es m ôte le pouvoir de me conformer à ſes principes : je le devrois, comme dit Madame Norton, ſi je le pouvois. Que vous êtes heureuſe de n'avoir rien à démêler qu'avec vous-même, dans le choix qu'on vous invit à faire de M. Hickman! Que je le ſerois auſſi, ſi j'étois traitée avec la même douceur! Je ne pourrois pas, ſans rougir, m'entendre prier par ma mere, & prier inutilement, d'encourager un homme auſſi exempt de reproche que M. Hickman.

Sérieuſement, ma chere Miſs Howe, je n'ai pû lire, ſans confuſion, que votre mere ait dit, en parlant de moi, que tout eſt à craindre de la prévention *en*

amour, dans les jeunes perſonnes de notre
ſéxe. J'en ſuis d'autant plus touchée,
que vous - même, ma chere, vous me
ſemblez prête à me pouſſer de ce côté-là.
Comme je ſerois fort blamable d'uſer
avec vous du moindre déguiſement, je
ne diſconviendrai pas que cet homme,
ce Lovelace, ne ſoit une perſonne pour
laquelle on pourroit prendre aſſez de
goût, ſi ſon caractére étoit auſſi irré-
prochable que celui de M. Hickman,
ou même s'il y avoit quelque eſpérance
de pouvoir le ramener. Mais il me ſemble que le mot d'amour, quoique ſi-tôt
prononcé, laiſſe un ſon qui a bien de
la force & de l'étenduë. Cependant je trouve que par des meſures violentes, on peut être menée, comme
pas à pas, à quelque choſe qu'on pourroit nommer . . . Je ſuis aſſez embarraſ-
ſée à trouver un nom . . . qu'on pourroit nommer *une ſorte de goût conditionel*,
ou quelque choſe d'approchant. Mais
pour le nom d'amour, tout légitime &
tout charmant qu'il eſt dans pluſieurs
ca , tels que celui de la parenté, celui
de la ſociété, & plus encore dans le cas
de nos devoirs ſuprêmes, où il mérite
proprement le nom de divin; il me ſemble que borné au ſens étroit & particu-

lier, qui ne regarde que nous-mêmes, le son n'en est pas fort agréable. Traitez-moi aussi librement que vous le souhaiterez sur les autres points. Cette liberté, comme je vous l'ai dit, ne fera qu'augmenter mon amitié. Mais je voudrois, pour l'honneur de notre séxe, que soit qu'il soit question de moi ou d'une autre, vous ne laissassiez pas couler si facilement, de votre bouche ou de votre plume, l'imputation d'amour ; parce que c'est un double triomphe pour les hommes, qu'une femme de votre délicatesse, & aussi pleine de mépris pour eux que vous voulez qu'on le pense, puisse leur livrer en quelque sorte une amie, comme une sotte creature malade d'amour, avec une espéce de joie de sa foiblesse.

J'aurois quelques autres observations à faire sur vos deux dernieres Lettres, si j'avois l'esprit plus libre. J'ai voulu m'arrêter seulement aux endroits qui m'avoient frappée le plus, & dont j'ai crû ne pouvoir trop tôt vous avertir. Nous reviendrons à ce qui se passe ici ; mais ce sera dans une autre Lettre.

LETTRE XXIX.

Miss Clarisse Harlove, à Miss Howe.

Samedi 11 de Mars.

IL m'est venu tant de messages insultans de la part de mon frere & de ma sœur, & des déclaratinns de guerre si ouvertes, annoncées par Betty Barnes avec son effronterie ordinaire, qu'avant que de m'adresser à mes oncles, suivant l'ouverture que ma mere m'a donnée dans sa Lettre, j'ai jugé à propos de leur faire mes plaintes d'un procédé si peu fraternel. Mais je m'y suis prise d'une maniere qui vous donnera beaucoup d'avantage sur moi, si vous continuez d'expliquer mes termes par quelques endroits de mes premiéres Lettres. En un mot, vous aurez une plus belle occasion que jamais de me croire engagée bien loin en amour, si les raisons que j'ai euës de changer un peu de stile, ne vous en font pas porter un jugement plus favorable. J'ai crû devoir entrer dans leurs propres idées, & puisqu'ils veulent absolument que je sois prévenuë pour M. Lovelace, je leur

donne

donne fujet de fe confirmer dans leur opinion plutôt que d'en douter.

En peu de mots, voici les raifons de ce changement. Premierement ils ont fondé leur principale batterie fur l'aveu que je leur ai fait d'avoir le cœur libre ; & fuppofant ainfi que je n'ai rien à combattre, ils affectent de regarder ma réfiftance comme une pure obftination ; d'où ils concluent, que mon averfion pour Solmes peut être aifément furmontée, & qu'elle doit l'être par l'obéiffance que je dois à mon pere, & par la confidération du bien général de la famille.

En fecond lieu, quoiqu'ils employent cet argument pour me fermer la bouche, ils paroiffent fort éloignés de s'en rapporter à mon aveu, & ils me traitent avec autant de violence & de mépris, que fi j'étois amoureufe d'un laquais de mon pere ; de forte que l'offre conditionelle de renoncer à M. Lovelace ne m'a procuré aucune faveur.

D'un autre côté, puis-je me perfuader que l'antipathie de mon frere foit bien fondée ? Le crime de M. Lovelace, celui du moins qu'on fait retentir fans ceffe à mes oreilles, eft fa paffion defordonnée pour les femmes. C'en eft un grand fans doute. Mais eft-ce par affection pour moi que mon frere lui fait ce reproche ? Non, toute sa conduite fait trop connoître qu'il est animé par d'autres vûes.

La justice m'oblige donc, en quelque sorte, d'élever un peu la voix pour la défense d'un homme, qui malgré ses justes ressentimens n'a pas voulu faire tout le mal qu'il pouvoit, tandis que mon frere s'est efforcé de lui en faire beaucoup s'il l'avoit pû. Il m'a semblé qu'il étoit à propos de les allarmer un peu, par la crainte que les méthodes qu'ils employent ne soient directement opposées à celle qu'ils auroient dû prendre, pour répondre à leurs propres vûës. Après tout, ce n'est pas faire un compliment si flatteur à M. Lovelace, de laisser penser que je le préfére à l'homme dont on m'épouvante. Miss Howe, me suis-je dit, m'accuse d'une prétendue mollesse, qui m'expose aux insultes de mon frere : je veux me figurer que je suis sous les yeux de cette chere amie, & faire un peu l'essai de son esprit, au risque de reconnoître qu'il ne me sied pas bien.

C'est sur ces réfléxions que je me suis déterminée à écrire les Lettres suivantes à mon frere & à ma sœur.

» Traitée comme je le suis, en partie

» ou peut-être entierement par vos infliga-
» tions , mon Frere , il doit m'être per-
» mis de vous en faire mes plaintes. Mon
» intention n'eft pas de vous déplaire ,
» dans ce que j'ai à vous écrire ; mais je
» dois m'expliquer avec liberté. L'occa-
» fion m'y oblige.

» Permettez qu'en premier lieu je rap-
» pelle à votre mémoire , que je fuis votre
» fœur , & que je ne fuis pas votre fervante.
» Vous en conclurez , s'il vous plaît , qu'il
» ne convient , ni à moi de fouffrir , ni à
» vous d'employer le langage amer & paf-
» fionné qu'on me tient de votre part , dans
» une occafion où je n'ai pas d'ordre à rece-
» voir de vous.

» Suppofons que je dûffe me marier à
» l'homme que vous n'aimez pas , & que
» j'euffe le malheur de ne pas trouver en lui
» un mari tendre & civil ; feroit-ce une rai-
» fon pour vous d'être un frere incivil &
» défobligeant ? Devriez-vous avancer le
» tems de mes infortunes , fi j'étois defti-
» née à les effuyer un jour ? Je ne fais pas
» difficulté de le dire nettement ; le mari
» qui me traiteroit plus mal , en qualité de
» femme, que vous ne m'avez traitée depuis
» quelque tems en qualité de fœur , feroit
» fans doute un barbare.

» Demandez - vous à vous - même ,

» Monſieur , ſi vous auriez fait le même
» traitement à votre ſœur Bella , dans la
» ſuppoſition qu'elle eût reçu les ſoins de
» l'homme que vous haïſſez ? S'il y a de
» l'apparence que non ; ſouffrez , mon
» frere , que je vous exhorte à régler
» moins votre conduite ſur ce que vous
» me croyez capable de ſupporter , que
» ſur ce que le devoir vous permet d'en-
» treprendre.

» Comment le prendriez-vous de la
» part d'un frere , ſi vous en aviez un ,
» qui dans un cas de la même nature
» tînt à votre égard la conduite que vous
» tenez avec moi? Vous ne ſauriez avoir
» oublié la courte réponſe que vous fites
» à mon pere même , lorſqu'il vous pro-
» poſa Miſs *Doily. Elle n'eſt pas de mon*
» *goût* ; tels furent vos termes ; & l'on eut
» la bonté de n'y plus penſer.

» Croyez-vous que j'ignore à qui je
» dois attribuer mes diſgraces , lorſque je
» me rappelle avec quelle indulgence
» mon pere m'a permis de rejetter d'au-
» tres offres ; & qui je dois accuſer d'a-
» voir formé une ligue en faveur d'un
» homme , dont la perſonne & le carac-
» tere ſouffrent bien plus d'objections
» qu'aucun de ceux qu'on m'a permis de
» refuſer ?

» Je n'entreprens point de comparer
» les deux fujets. Et qui oferoit dire en
» effet qu'il y ait la moindre comparai-
» fon ? La difference, au défavantage de
» l'un , ne confifte que dans un point ;
» qui eft à la vérité , de la plus grande
» importance : mais pour qui ? Pour
» moi-même affurément , fi j'étois difpo-
» fée à le favorifer ; & moins pour vous
» que pour tout autre. Cependant, fi vous
» ne parvenez pas , par votre étrange po-
» litique , à réunir cet homme & moi ,
» comme des parties qui fouffrent pour
» la même caufe ; vous me trouverez
» auffi déterminée à renoncer à lui , que
» je le fuis à refufer l'autre. J'ai fait
» l'ouverture de cette propofition. Ne me
» confirmez pas dans l'opinion que les
» difficultés viennent de vous.

» Il eft bien trifte pour moi de pouvoir
» dire , que fans avoir à me reprocher
» de vous avoir jamais offenfé , j'ai un
» frere en vous, mais que je n'y ai point
» un ami.

» Peut être ne daignerez vous pas en-
» trer dans les raifons de votre derniere
» conduite avec une foible petite fœur.
» Mais fi vous ne devez point de politeffe
» à cette qualité , non plus qu'à mon
» fexe ; rien ne peut vous difpenfer de
» la juftice.   B iij

» Accordez-moi la liberté d'obferver
» auffi, que le principal but de l'éducation
» qu'on donne aux jeunes gens dans nos
» Univerfités, eft de leur apprendre à
» raifonner jufte & à fe rendre maîtres de
» leurs paffions. J'efpere encore, mon
» frere, que vous ne donnerez pas lieu à
» ceux qui nous connoiffent tous deux,
» de conclure que l'une à fait plus de
» progrès, à fa toilette, dans la feconde
» de ces deux doctrines, que l'autre à
» l'Univerfité. Je fuis véritablement affli-
» gée d'avoir fujet de le dire ; mais j'ai
» entendu remarquer plufieurs fois que
» vos paffions indomptées ne font pas
» d'honneur à votre éducation.

» Je me flatte, Monfieur, que vous
» ne vous offenferez pas de la liberté que
» j'ai prife avec vous. Vous ne m'en avez
» donné que trop de raifon ; & vous en
» avez pris, fans raifon, de bien plus
» étranges avec moi; Si vous vous trou-
» vez offenfé, faites moins d'attention à
» l'effet qu'à la caufe. Alors, pour peu
» que vous vous examiniez vous-même,
» la caufe ne manquera pas de ceffer ; &
» l'on pourra dire avec juftice, qu'il n'y
» aura point de Gentilhomme plus ac-
» compli que mon frere.

» C'eft, je vous affure, Monfieur,

» dans les véritables sentimens d'une
» sœur, malgré la dureté avec laquelle
» vous me traitez, & nullement par pré-
» somption, comme vous avez paru trop
» prompt à m'en accuser, que je me
» hazarde à vous donner ce conseil. Je
» demande au Ciel de faire renaître l'a-
» mitié dans le cœur de mon frere uni-
» que. Faites-moi retrouver en vous, je
» vous en conjure, un ami compatissant;
» car je suis & je serai toujours votre af-
» fectionnée sœur.   CL. HARLOVE.

Voici la réponse de mon Frere.

JE prévois qu'on ne verra pas la fin de
votre impertinent griffonage, si je ne
prens pas le parti de vous écrire. Je vous
écris donc ; mais, sans entrer en dispute
avec un petit esprit plein de hardiesse &
de présomption, c'est pour vous défendre de me tourmenter par votre joli gali-
mathias. Je ne sais à quoi l'esprit est bon
dans une femme, si ce n'est à lui faire
prendre une ridicule estime d'elle-même,
& à lui faire regarder tous les autres avec
mépris. Le votre, Miss l'effrontée,
vous éleve au - dessus de votre devoir,
& vous apprend à mettre au-dessous de
vous les leçons & les ordres de vos parens.

Mais suivez la même route, Miss ; votre mortification n'en sera que plus cuisante. C'est tout ce que j'ai à vous répondre, mon enfant ; elle le sera, ou j'y perdrai ma peine, si votre préférence continue pour cet infâme Lovelace, qui est justement détesté de toute votre Famille. Nous voyons avec la derniere évidence, comme nous n'avions que trop de raisons de le soupçonner, qu'il a pris de fortes racines dans vos inclinations un peu précoces ; mais plus ces racines auront de force, plus on trouvera le moyen d'en employer pour arracher le vilain de votre cœur. Par rapport à moi, malgré votre impudent conseil, & les reflexions non moins impudentes qui le précédent, ce sera votre faute si vous ne me trouvez pas toujours votre ami & votre frere. Mais si vous continuez de vouloir un mari tel que Lovelace, attendez-vous à ne trouver jamais ni l'un ni l'autre dans

JAMES HARLOVE

Il faut vous donner à présent une copie de ma lettre à ma sœur & de sa réponse.

Par quelle offense, ma chere sœur, ai-je pû mériter qu'au lieu d'employer tous vos efforts pour adoucir la

colere de mon pere, comme il eſt bien
ſûr que je l'aurois fait pour vous, ſi le
malheureux cas où je me trouve eut été
le votre, vous ayez le cœur aſſez dur
pour allumer contre moi non-ſeulement
la ſienne, mais encore celle de ma mere?
Mettez-vous à ma place, ma chere Bella,
& ſuppoſez qu'on voulût vous faire épouſer M. Lovelace, pour lequel on vous
croit de l'antipathie; ne regarderiez-vous
pas cet ordre comme une loi bien fâ-
cheuſe? Cependant votre dégoût pour
M. Lovelace ne ſauroit etre plus grand
que le mien pour M. Solmes. L'amour
& la haine ne ſont pas des paſſions volon-
taires.

Mon frere regarde, peut-être, comme
la marque d'un eſprit mâle, d'être inſen-
ſible à la tendreſſe. Nous l'avons entendu,
toutes deux, ſe vanter de n'avoir jamais
aimé avec diſtinction; & dominé comme
il eſt par d'autres paſſions, rebuté d'ailleurs dans ſon premier eſſai, peut-être
ne recevra-t'il jamais d'autres impreſſions
par le cœur. Qu'avec des inclinations ſi
viriles, il condamne & il maltraite une
malheureuſe ſœur, dans des circonſtances où il ſatisfait par-là ſon antipathie
& ſon ambition; ce n'eſt pas une choſe
qui doive paroître ſi ſurprenante. Mais

qu'une fœur abandonne la caufe d'une
fœur , & qu'elle fe joigne à lui pour ani-
mer un pere & une mere , dans un cas
qui intereffe le fexe , & qui pourroit avoir
été fon propre cas ; en vérité , Bella ,
certe conduite n'eft pas fort jolie.

Nous nous fouvenons toutes deux d'un
rems , où M. Lovelace paffoit pour un
homme qu'on pouvoir ramener , & où
l'on étoit bien éloigné de regarder comme un crime l'efpérance de le faire rentrer dans le chemin de la vertu & de
l'honneur. Je ne fouhaite pas d en faire
l'expérience. Cependant je ne fais pas difficulté de dire , que fi je n'ai aucun penchant pour lui , les méthodes qu'on em-
ploie pour me forcer de recevoir un
homme tel que M. Solmes , font capables
de m'en infpirer.

Mettez à part un moment tous les
préjugés , & comparez ces deux hommes
du côté de la naiffance , de l'éducation ,
de la perfonne , de l'efprit , & des manieres ; & du côté même de la fortune ,
en y comprenant les réverfions. Prenez la
balance , ma fœur , & pefez vous même.
Cependant j'offre toûjours de me réduire
au célibat , fi l'on veut accepter ce parti.

La difgrace où e fuis condamnée eft
un cruel tourment pour moi. Je voudrois

pouvoir obliger tous mes amis ! Mais la justice, l'honêteté me permet-elle d'épouser un homme qu'il m'est impossible de souffrir ? Si je ne me suis jamais opposée à la volonté de mon pere, si j'ai toûjours fait ma satisfaction d'obliger & d'obéir, jugez de la force de mon antipathie par ma douloureuse résistance.

Ayez donc pitié de moi, ma très-chere Bella ! ma sœur, mon amie, ma compagne, ma conseillere, & tout ce que vous étiez dans un tems plus heureux! Soiez aujourd'hui l'avocate de votre très-affectionnée, CL. HARLOVE.

A Miss CLARY HARLOVE.

QUe ma conduite soit *fort jolie* ou non dans vos sages idées, je vous assure que je dirai mon opinion de la votre. Avec toute votre prudence, vous n'êtes qu'une petite folle, à qui l'amour fait tourner la tête. C'est ce qui paroît clairement dans vingt endroits de votre lettre. A l'égard de vos offres de Célibat, c'est une chanson, à laquelle personne n'est disposé à se fier. C'est un de vos artifices, pour éviter de vous soumettre à votre devoir & à la volonté des meilleurs parens du monde, tels que les votres ont toujours été pour vous... quoiqu'ils s'en voyent aujourd'hui fort bien recompensés.

Il est vrai que nous vous avions toujours crue d'un naturel doux & aimable. Mais pourquoi paroissiez - vous telle? vous n'aviez jamais été contrariée. On vous a toûjours laissée faire vos propres volontés. Vous ne trouvez pas plutôt de l'opposition au désir de vous jetter entre les bras d'un vil libertin, que vous nous montrez ce que vous êtes. Il vous est impossible d'aimer M. Solmes; voila le prétexte. Ma sœur, ma sœur, la raison véritable, c'est que vous ayez Lovelace au fond du cœur; un misérable, detesté, justement detesté de toute la famille, & qui a trempé ses mains dans le sang de votre frere. Cependant vous voudriez le faire entrer dans notre alliance: dites, le voudriez vous?

Je ne retiens pas mon impatience, de la seule supposition que j'aye pû avoir le moindre goût pour un homme de cette espece. S'il a reçu autrefois, comme vous le prétendez, quelque encouragement de la part de notre famille, c'étoit avant que son miserable caractere fût connu. Les preuves qui ont fait une si forte

impreſſion ſur nous en devoient faire autant ſur vous , & n'y auroient pas manqué , ſi vous n'aviez pas été une petite
folle , d'un temperament trop avancé ,
comme tout le monde le reconnoît dans
cette occaſion.

Bon Dieu ! Quel étalage de beaux termes en faveur de ce miſérable ? Sa naiſſance , ſon éducation , ſa perſonne , ſon
eſprit , ſes manieres , ſon air , ſa fortune ! Ses reverſions ſont appellées au ſecours , pour groſſir ce merveilleux cata-
logue ! Quelle effuſion d'un cœur qui
ſe pâme d'amour ! Et vous embraſſeriez
le parti du Célibat ? Oui , j'en répond , tandis que toutes ces perfections
imaginaires éblouiſſent vos yeux !
Mais finiſſons : je voudrois ſeulement
que dans l'opinion que vous ſemblez
avoir de votre bel eſprit , vous ne priſ-
ſiez pas tous les autres pour des inſenſés,
que vous croyez pouvoir mener en bride
avec votre ton plaintif.

Vous écrirez auſſi ſouvent qu'il vous
plaira ; mais cette reponſe ſera la derniere
que vous recevrez , ſur le même ſujet ,
D'ARABELLE HARLOVE.
J'avois deux lettres prêtes pour chacun de mes oncles , que j'ai données à un
domeſtique qui s'eſt préſenté dans le jar-

din , en le priant de les remettre à leur adreſſe. Si je dois juger des réponſes, par celles que j'ai reçues de mon frere & de ma ſœur , je n'ai rien d'agréable à me promettre. Mais lorſque j'aurai tenté tous les expédiens , j'aurai moins de reproche à me faire s'il arrive quelque choſe de facheux. Je vous enverrai une copie de ces deux lettres , auſſi-tôt que je ſçaurai comment elles ont été reçues ; ſi l'on me fait la grace de m'en informer.

LETTRE XXX.

Miſs CLARISSE HARLOVE, à Miſs HOWE.

Dimanche au ſoir 12 Mars.

CET homme , ce Lovelace , me jette dans une furieuſe inquiétude. Sa hardieſſe & ſa témérité vont à l'excès. Il étoit aujourd'hui à l'Egliſe ; dans l'eſpérance apparemment de m'y voir : cependant, ſi c'étoit ſon motif, ſes intelligences ordinaires doivent l'avoir trompé.

Chorey , qui étoit à l'Egliſe, m'a dit qu'elle avoit obſervé particulierement ſon air fier & hautain , lorſqu'il s'eſt tourné du banc où il étoit aſſis , vers le banc de notre famille. Mon pere & mes deux oncles s'y trouvoient. Ma mere & ma sœur y étoient aussi. Heureusement mon frere n'y étoit pas. Ils sont tous revenus en désordre. Comme c'est la premiere fois qu'il se soit fait voir ici depuis la malheureuse rencontre, toute l'Assemblée n'a eu des yeux que pour lui.

Quelles peuvent avoir été ses vûes, s'il s'étoit proposé de prendre un air de bravade & de défi, comme Chorey & d'autres croient l'avoir remarqué ? Est-il venu pour me voir ? Mais en tenant cette conduite à l'égard de ma famille, a-t'il crû me rendre service ou me plaire. Il sait combien il est en haï ; & il ne daigne pas prendre la peine, quoiqu'apparemment fort inutile, d'adoucir du moins leur haine.

Souvenez vous, ma chere, qu'entre vous & moi, nous avons souvent observé son orgueil. Vous l'en avez même raillé ; & loin de se disculper la dessus il a passé condamnation. En l'avouant, il croit avoir fait assez. Pour moi, j'ai toujours pensé que dans sa situation, l'orgueil est un assez mauvais sujet de plaisanterie. C'est un vice si petit, si inutile, dans les gens d'une haute naissance ! S'ils meritent du respect, ne sont-ils pas sûrs d'en obtenir , sans qu'il soit neceſſaire de l'exiger ? En d'autres termes, vouloir s'attirer du reſpect par des manieres hautaines , c'eſt faire voir qu'on ſe défie de ſon propre merite , c'eſt avouer qu'on ne s'en juge pas digne par ſes actions. La diſtinction , ou la qualité, peut être un ſujet d'orgueil pour ceux en qui c'eſt une acquiſition nouvelle. Alors les réflexions & le mépris qu'il attire ſur eux en deviennent le contrepoids.

Avec tant d'autres avantages ſurtout, du côté de la perſonne & de la figure : du ſavoir même, comme on aſſure qu'il en a; être orgueilleux & hautain ! Tandis qu'il eſt condamné & démenti par les traits de ſon viſage : que je le trouve inexcuſable ! Orgueilleux de quoi ? Ce n'eſt pas de bien faire ; ſeul orgueil qu'on pourroit peut-être juſtifier. Orgueilleux des avantages exterieurs ? Mais cette foibleſſe, dans ceux ou celles qui en ſont capables, ne doit-elle pas les conduire bientôt à ſe défier de l'intérieur ? Quelques gens pourroient craindre qu'on ne marchât ſur eux , s'ils ne prenoient un air de fierté : crainte après tout bien humiliante puiſqu'elle ſuppoſe, ſi l'on peut parler ainſi, qu'ils y marchent eux-mêmes. Mais un homme tel que lui doit être ſûr que l'humilité ne lui ferviroit que d'ornement.

On ne peut lui refufer beaucoup de talens. Mais ces talens, & tous fes avantages perfonnels , ont été pour lui comme
autant de pieges. Je ne me trompe point
dans ce jugement ; d'où il faut conclure
que le mal & le bien pefés dans une
balance égale , ce ne feroit pas le bien
qui l'emporteroit.

Si mes amis avoient confervé un peu
de confiance pour cette difcrétion , dont
ils ne m'accufent pas de manquer , j'ofe
dire que j'aurois pénetré tous fes défauts.
Alors, j'aurois été aufli ferme à le congé-
dier que je l'ai été à rejetter tous les autres , & que je le ferai éternellement à
refufer M. Solmes. Que ne connoiffent-
ils le fond de mon cœur ! Il étoufferoit,
plutôt que de former jamais volontairement un défir , qui puiffe jetter la
moindre tache fur eux , fur mon fexe ,
ou fur moi-même.

Je vous demande grace, ma chere ,
pour mes graves foliloques ; c'eft le nom
que je puis leur donner. Comment me
fuis-je laiffée entraîner de reflexions en
reflexions ? Mais l'occafion en eft préfen-
te. Tout eft ici en mouvement fur le
même fujet. Chorey dit qu'il a cherché
les yeux de ma mere, qu'il lui a fait une

profonde reverence, & qu'elle lui a rendu
fa politeffe. Il a toujours admiré ma mere : je crois qu'elle n'auroit pas eu d'averfion pour lui , fi on ne lui avoit ordonné
d'en avoir ; & fans cette malheureufe
rencontre , entre lui & fon fils unique.

Le Docteur Lewin étoit à l'Eglife.
Ayant obfervé , comme tout le monde,
l'embarras que la vûe de M. Lovelace
caufoit à toute notre famille , il a eu
l'attention de l'engager , après le fervice,
dans un entretien affez long , pour laiffer
le tems à tous mes proches de remonter
en caroffe.

Il paroît que mon pere s'anime de
plus en plus contre moi. On me dit la
même chofe de mes oncles. Ils ont reçu
mesLettres ce matin. Leur réponfe, s'ils
daignent m'en faire quelqu'une , me con-
firmera fans doute l'imprudence que ce
téméraire a eue de fe préfenter fi mal-à-
propos à l'Eglife.

On les croit fâchés contre ma mere ,
pour le retour de politeffe dont elle n'a
pû fe difpenfer. Ainfi la haine s'attaque
jufqu'aux devoirs communs de la civilité ; quoiqu'ils doivent être confiderés du
côté de celui qui les rend , plutôt que de
celle qui les reçoit. Mais ils concluent
tous , m'affure-t-on, qu'il ne leur refte

qu'un feul moyen pour mettre fin aux infultes. C'eft donc fur moi que la peine va
retomber. Qu'aura gagné cet impru-
dent, & quel avantage en tirera t-il pour
fes vûes * ?

Ma plus grande crainte eft que cette
apparition, pire que celle de quelque
fantôme, n'annonce des entreprifes encore plus hardies. S il a l'audace de fe
préfenter ici, comme il me preffe inf-
tamment de le permettre, je tremble
qu'il n'y ait du fang repandu. Pour éviter
ce malheur, je fouffrirois volontiers, s'il
n'y avoit pas d'autre moyen, qu'on m'en-
terrât toute vive.

Ils font tous en confultation. Je fuppofe qu'il eft queftion de mes Lettres.
Ils s'étoient affemblés dès le matin, &
c'eft à cette occafion que mes oncles fe font
trouvés à l'Eglife. Je vous enverrai les co-
pies de ces deux Lettres, lorfque j'aurai
vû fi je puis vous envoyer en même-tems
celles des reponfes. Celle-ci n'eft que...
quoi dirai-je ? elle n'eft que l'effet de
mes craintes, & de mon reffentiment contre l'homme à qui je dois les attribuer. Six
lignes auroient contenu tout ce qu'elles

---

* On verra dans la Lettre XXXVI. quels étoient les
motifs qui avoient amené M. Lovelace à l'Eglife.

ont de commun avec mon hiſtoire.

CL. HARLOVE.

LETTRE XXXI.

M. LOVELACE à M. BELFORD.

Lundy 13 Mars.

C'Eſt envain que tu me preſſes, toi & tes camarades, * de retourner à la Ville, auſſi long-tems que cette fiere Beauté me tiendra dans l'incertitude. Si j'ai gagné juſqu'à préſent un peu de terrain, je n'en ai l'obligation qu'à ſon inquiétude pour la ſurêté de ceux que j'ai mille raiſons de haïr.

Ecris donc, me dis-tu, ſi tu ne veux pas venir. A la vérité, je puis écrire, & je le puis ſans m'embarraſſer ſi j'ai de la matiere ou non pour mes Lettres. Ce que tu vas lire en ſera la preuve.

---

* L'Auteur remarque que ces Meſſieurs affectoient ſouvent de s'écrire en ſtile Romain, comme ils le nommoient entr'eux, & qu'ils étoient convenus de prendre en bonne part toutes ſortes de libertés mutuelles, lorſqu'elles étoient dans ce ſtile. Il ſe trouve ſouvent dans leurs lettres des citations de leurs meilleurs Poëtes, qu'on s'eſt contenté de traduire en proſe, & qui ne demandent pas de l'être autrement.

Le frere de ma Déeſſe m'a ſuſcité, comme je te l'ai raconté chez M. Hall, un nouveau concurrent ; le moins dangereux homme du monde par la figure & les qualités : mais le plus redoutable par ſes offres.

Cet homme a captivé, par ſes propoſitions, les ames de tous les Harloves. Les ames ! ai-je dit. Toute cette famille eſt ſans ame ; à l'exception de celle qui m'a charmé. Mais cette ame incomparable eſt actuellement renfermée & maltraitée par un pere, le plus ſombre & le plus abſolu de tous les hommes, à l'inſtigation d'un frere le plus arrogant & le plus préſomptueux. Tu connois leurs caractéres. Ainſi je n'en ſouillerai pas mon papier.

Mais connois-tu rien de ſi déteſtable que d'être amoureux de la fille, de la ſœur & de la niéce d'une famille que je dois éternellement mépriſer ? Et, ce qui me fait donner au diable, de ſentir croître ma paſſion, je ne dirai pas par le mépris, par l'orgueil, par l'inſolence d'une beauté adorée ; mais par des difficultés, qui ne paroiſſent venir que de ſa vertu ? Je ſuis puni de n'être pas un adroit pécheur, un hypocrite ; de n'avoir aucun égard pour ma réputation ; de permettre à la médiſance d'ouvrir la bouche contre moi. Mais l'hipocrisie m'est-elle donc nécessaire, à moi qui suis en possession de tout emporter au moment que je parois & aux conditions qu'il me plaît d'imposer ; à moi qui n'ai jamais inspiré de crainte, sans un mélange sensible d'amour prédominant ? Le Poëte a dit » que la vertu n'est qu'un rôle de théâtre, » & que celui qui paroît vertueux montre moins son naturel que son art. «

Fort bien ; mais il semble que je suis forcé à la pratique de cet art, si je veux réussir auprès d'une femme qui mérite véritablement de l'admiration. Au fond, pourquoi recourir à l'art ? Ne puis-je me réformer ? Je n'ai qu'un vice. Qu'en dis-tu, Belford ? Si quelque mortel connoît mon cœur, c'est toi seul. Tu le connois.... autant du moins que je le connois moi-même. Mais c'est un trompeur abominable, car il en a mille fois imposé à son maître. Son Maître ? C'est ce que je ne suis plus. J'ai cessé de l'être, depuis le moment où j'ai vû pour la premiere fois cette femme Angélique. J'y étois préparé, néanmoins, par la peinture qu'on m'avoit faite de son caractére ; car tout éloigné qu'on est de la vertu, il faudroit être un enragé pour ne pas l'admirer dans autrui. La visite que je rendis à la pauvre

Arabelle ne fut, comme je te l'ai dit, qu'une erreur de l'oncle, qui prit une sœur pour l'autre, & qui au lieu de m'introduire auprès d'une divinité, que j'avois entendue vanter au retour de mes voyages, ne me fit voir qu'une très-simple mortelle. Je ne laissai pas d'avoir assez de peine à me dégager, tant je trouvai de facilité & d'empressement dans cette sœur. Ma crainte étoit de rompre avec une famille de qui j'espérois recevoir une Déesse.

Je me suis vanté d'avoir aimé une fois dans ma vie, & je crois qu'effectivement c'étoit de l'amour. Je parle de ma premiere jeunesse, & de cette Coquette de qualité, dont tu sais que j'ai fait vœu de punir la perfidie, sur autant de femmes qu'il pourra m'en tomber entre les mains. Je crois que pour m'acquitter de ce vœu, j'ai déja sacrifié, dans divers climats, plus d'une Hecatombe à ma vengeance. Mais en me rappellant ce que j'étois alors, & le comparant à ce que je me trouve aujourd'hui, je suis obligé de reconnoître que je n'avois jamais été véritablement amoureux.

Comment s'est-il donc fait, me demanderas-tu, qu'après avoir eu tant de ressentiment de me voir trompé, je n'ai pas laiffé de conferver le goût de la galanterie ? je vais te l'apprendre, autant que je pourrai m'en fouvenir ; car c'eft parler de fort loin. Ma foi., cela eft venu.... attens, il ne m'eft pas trop aifé de te le dire ; cela eft venu, je crois, d'un goût violent pour la nouveauté. Ces diables de Poëtes, avec leurs defcriptions céleftes, m'échaufferent autant l'imagination que la divine Clariffe m'enflamme aujourd'hui le cœur. Ils m'infpirerent l'envie de créer des Déeffes. Je ne penfai qu'à faire l'effai de ma nouvelle verve, par des Sonnets, des Elegies & des Madrigaux. Il me fallut une Iris, une Cloris, une Sylvie, comme aux plus célébres. Il fallut donner, à mon Cupidon, des aîles, des traits, des flammes, & tout l'attirail Poëtique. Il fallut me faire un fantôme de beauté, la placer où d'autres ne fe feroient jamais avifés d'en trouver ; & fouvent je me fuis vû dans l'embarras pour un fujet, lorfque ma Déeffe de nouvelle création avoit été moins cruelle qu'il ne convenoit au ton plaintif de mon Sonnet ou de mon Elegie.

D'ailleurs il entroit une autre forte de vanité dans ma paffion ; je me voyois bien reçu des femmes en général : jeune

&

& vain, comme j'étois alors, je me fentois flatté d'une efpece de tyrannie, que j'exerçois fur leur fexe, en faifant omber fur l'une ou fur l'autre un choix qui ne manquoit pas de faire vingt jaloufes : c'eft un plaifir dont je puis t'aflurer que j'ai joüi mille fois. J'ai vû, avec plus de fatisfaction que tu ne le faurois croire, l'indignation briller dans les yeux d'une rivale. J'ai vû monter la rougeur fur plus d'un vifage. J'ai vû brifer de dépit plus d'un éventail ; avec des réflexions peut-être fur la liberté que fe donnoit une autre femme de fouffrir tête à tête un jeune folâtre, qui ne pouvoit après tout leur faire à toutes la même grace à la fois.

En un mot, Belford, c'étoit l'orgueil, comme je le reconnois aujourd'hui, qui m'avoit excité plus que l'amour à me fignaler par mes ravages, après la perte de ma coquette. Je m'en étois crû aimé, autant du moins que je croyois l'aimer. Ma vanité me perfuadoit même qu'elle n'avoit pû s'en défendre. Ce choix étoit approuvé de tous mes amis, qui ne fouhaitoient que de me voir bien enchaîné, parce qu'ils fe font défiés, de bonne heure, de mes principes de galanterie. Ils remarquoient que toutes

les femmes du bel air , celles qui ai-
ment la danfe , le chant, la mufique ,
étoient paffionées pour ma compagnie.
En effet, connois-tu quelqu'un (la vanité
va me faifir , fi je n'y prens garde) mais
parle naturellemenr , Belford , nom-
merois - tu quelqu'un qui danfe , qui
chante , qui touche toutes fortes d'inftru-
mens d'auffi bonne grace que ton ami ?

Mon intention n'eft pas de donner dans
l'hipocrifie , jufqu'à m'aveugler fur des
qualités que tout le monde me reconnoît. Loin de moi les déguifemens étu-
diés de l'amour propre , les fauffes affec-
tations d'humilité , & tous les petits artifices par lefquels on furprend l'eftime
des fots. Ma vanité fera toujours ouverte
pour les qualités dont je n'ai l'obligation
qu'à moi-même , telles que mes manieres , mon langage , mon air , ma contenance ferme , mon goût d'ajuftement.
Je puis faire gloire de tout ce que j'ai
acquis. Pour mes talens naturels , je n'en
prens pas droit de m'eftimer davantage.
Tu es affez badin pour me dire que je
n'en ai pas fujet : & peut-être aurois-tu
raifon. Mais fi je vaux mieux par l'efprit
que le commun des hommes , c'eft un
avantage que je ne me fuis pas donné ;
& s'énorgueillir d'une chofe dont l'abus

nous rend coupables, sans qu'il y ait aucun mérite à s'en bien servir, c'est se parer, comme le Geai de la Fable, d'un plumage emprunté.

Mais, pour revenir à ma Coquette, je n'avois pû supposer que la premiere femme qui m'avoit donné des chaînes, (chaînes de soie d'ailleurs, fort différentes des chaînes de fer que je porte aujourd'hui) m'eût jamais quitté pour un autre homme; & lorsque je m'étois vû abandonné, j'avois attaché au faux bien que j'avois perdu, plus de prix que je ne lui en avois trouvé dans la possession.

Aujourd'hui, Belford, j'éprouve toute la force de l'amour. Je ne pense, je ne puis penser, qu'à la divine Clarisse Harve. Harlove! Que ce nom détesté me coûte à prononcer! mais compte que je lui en ferai prendre un autre, & ce sera celui * de l'amour même. Clarisse! nom charmant! que je ne puis prononcer sans être attendri jusqu'au fond du cœur. Te serois-tu jamais figuré, que moi, qui me suis flatté jusqu'à présent de faire en amour autant de faveur que j'en reçois; moi, dis-je, lorsqu'il s'agit de quitter l'honorable carriere du plaisir pour me jetter dans des entraves, je fusse capable de ce fol excès

---

* Le nom de Lovelace, qui signifie *lien d'Amour*

de tendreſſe ? Je ne me le pardonne pas à
moi-même ; & laiſſant les trois premiers
Vers ſuivans aux amans langoureux, je
trouve les effets que cette fatale paſſion
produit dans mon cœur, bien mieux ex-
primés par les trois derniers : *

>> L'amour agit differemment, ſuivant
>> la différence des ames qu'il inſpire. Il
>> allume, dans les naturels doux, un feu
>> qui l'eſt auſſi ; comme celui de l'encens
>> qui brûle ſur l'autel.

>> Mais les ames violentes ſont la proie
>> des flammes les plus terribles. C'eſt un
>> feu, dont le vent des paſſions augmente
>> l'impétuoſité, qui monte orgueilleuſe-
>> ment, & qui brûle pour la vengeance.

Oui, la vengeance. Car peux tu penſer que ſi je n'étois pas retenu par l'opinion que la ſtupide famille des Harloves
ne travaille que pour moi, je ſuportâſſe
un moment leurs inſultes ? Qui me croira
jamais capable de me laiſſer braver comme je le ſuis, menacer comme je ſuis
menacé, par ceux à qui ma ſeule vûe
cauſe de l'effroi, & ſurtout par ce frere
brutal, qui me doit la vie, (une vie à
la vérité qu'il n'eſt pas digne de perdre
par mes mains,) ſi mon orgueil n'étoit
plus ſatisfait de ſavoir, que par l'eſpion

* Ils ſont de *Dryden.*

même qu'il entretient pour m'obferver ,
je le joue à mon gré , j'enflamme, je ré-
froidis fes violentes paffions autant qu'il
convient à mes vûes , je l'informe affez
de ma conduite & de mes intentions
pour lui faire mettre une aveugle confiance dans cet agent *à double face* , que je
joue lui-même par tous les mouvemens
qu'il ne reçoit que de mes vol ntés ?

Voilà , mon ami , ce qui éleve mon
orgueil au deffus de mon reffentiment.
Par cette machine, dont j'entretiens continuellement les refforts , je me fais un
amufement de les jouer tous. Le vieux
matelot d'oncle n'eft que mon ambaffa-
deur auprès de la Reine Mere Howe ,
pour l'engager à fe joindre à la caufe des
Harloves , dans la vûe d'en faire un
exemple pour la Princeffe fa fille , & à
les fortifier de fon fecours pour le foutien
d'une autorité qu'ils font réfolus de faire
valoir ; bien ou mal-à-propos , fans quoi
j'aurois peu d'efpérance.

Quel peut être mon motif , me de-
mandes-tu ? Le voici , pauvre butord !
que ma charmante ne puiffe trouver de
protection hors de ma famille ; car fi je
connois bien la fienne , elle fera forcée
de prendre la fuite ou de recevoir l'homme qu'elle détefte. Il arrivera donc , fi

mes mesures sont bien prises , & si mon *esprit familier* ne me manque pas au be-soin, qu'elle viendra tomber entre mes bras , en dépit de tous ses proches , en dépit de son cœur inflexible ; qu'elle sera tôt ou tard à moi , sans conditions , sans la réformation promise , peut-être sans qu'il soit besoin d'un long siége ; & qu'il dépendra même de moi de la mettre à plus d'une épreuve. Alors je verrai tous les *faquins* & toutes les *faquines* de la famille, ramper à mes pieds. Je leur ferai la loi. Je forcerai ce frere impérieux & sordide de venir plier le genou sur le marchepied de mon trône.

Mes seules allarmes viennent du peu de progrès que je crains d'avoir fait jusqu'à présent, dans le cœur de cette charmante piéce de glace. Un si beau teint, sur les plus beau traits du monde , tant d'éclat dans les yeux, une taille si divine , une santé si florissante , un air si animé , toute la fleur de la premiere jeunesse ; avec un cœur si impénétrable ! Et moi pour amant ! l'heureux, le favorisé Lovelace ! quel moyen d'y rien comprendre ? Cependant il se trouve des gens, & j'ai parlé a quelques - uns, qui se souviennent de l'avoir vûe naître. Norton , qui a été sa nourrice , se vante de lui avoir rendu,

dans son enfance , les soins maternels ,
& d'avoir servi par dégrés à son éducation. Ainsi voilà des preuves convain-
quantes qu'elle n'est pas descendue tout
d'un coup du Ciel , comme un Ange.
Comment se peut-il donc qu'elle ait le
cœur insensible ?

Mais voici l'erreur , & j'appréhende
bien qu'elle n'en guérisse jamais. Elle
prend l'homme qu'elle appelle son pere ,
(il n'y auroit rien à reprocher à sa mere ,
si elle n'étoit la femme d'un tel pere) elle
prend les gens qu'elle appelle ses oncles,
le pauvre imbecille qu'elle appelle son
frere , & la méprisable espece de femme
qu'elle appelle sa sœur ; pour son pere ,
pour ses oncles , pour son frere & sa sœur.
A ces titres elle croit devoir aux uns de
la considération , aux autres du respect ,
avec quelque barbarie qu'elle en soit
traitée. Liens sordides ! misérables préjugés du berceau ! Si la nature en mauvaise humeur ne lui en avoit pas imposé ,
où si elle avoit eu elle-même des parens
à choisir , en auroit-elle un seul de tous
ceux qui portent ce nom ?

Que mon cœur souffre de la préférence
qu'elle leur accorde sur moi , pendant
qu'elle est convaincue de l'injustice qu'ils
me font ! convaincue que mon alliance

leur feroit honneur à tous , à l'exception d'elle , à qui tout le monde doit de l'honneur , & de qui le fang royal en recevroit. Mais combien ce cœur ne fe foulevera-t'il pas d'indignation , fi je m'apperçois que malgré fes perfécutions elle héfite un feul moment à me préférer au miférable qu'elle hait & qu'elle méprife ? Non , elle n'aura jamais la baffeffe d'acheter fon repos à ce prix. Il eft impoffible qu'elle donne jamais les mains à des projets formés à fes dépens, par la malignité & l'intérêt propre. Elle a trop d'élévation pour ne pas les méprifer dans autrui ; & trop d'intérêt à les défavouer , de peur qu'on ne la prenne pour une Harlove.

De tout ce que tu viens de lire, tu peux recueillir que je ne me hâterai pas de retourner à la ville ; puifque je dois commencer par obtenir de la Dame de mon cœur, de n'être point facrifié à un homme tel que Solmes. Malheur à la belle , fi étant quelque jour forcée de tomber fous mon pouvoir (car je défefpére qu'elle y vienne jamais volontairement) je trouve de la difficulté à me procurer cette affurance !

Ce qui ferre mes chaînes , c'eft que fon indifférence pour moi ne vient d'au-

cun goût pour un autre homme. Mais
gardez vous bien, charmante perfonne !
gardez vous, ô la plus relevée & la
plus aimable des femmes ! de vous
rabaiffer par le moindre figne de préférence en faveur de l'indigne rival que
vos fordides parens n'ont fufcité qu'en
haine de moi...... Tu diras, Belford, que j'extravague ; tu auras raifon. Que je fois abîmé fi je ne l'aime
jufqu'à l'extravagance Autrement pourrois-je fouffrir les continuels outrages de
fon implacable famille ? Autrement ,
pourrois-je digerer l'humiliation de paffer
ma vie, je ne dis pas, autour de la maifon de fon orgueilleux pere , mais autour
de la paliffade de fon parc & des murs de
fon jardin, féparé d'elle néanmoins par un
mille de diftance , & fans aucun efpoir
de découvrir du moins le bord de fon
ombre ? Autrement me croirois-je payé ,
avantageufement payé , lorfqu'après
avoir erré pendant quatre , cinq & fix
nuits , par des routes défertes & des enclos couverts de bruyeres , je trouve quelques froides lignes , qui aboutiffent à me
déclarer qu'elle fait plus de cas du plus
indigne fujet de fon indigne famille que
de moi , & qu'elle ne m'écrit que pour
m'engager à fouffrir des infultes dont la
C v

seule idée me trouble le sang ? Logé,
pendant ce tems-là, dans un misérable
cabaret du voisinage ; déguisé comme si
j'étois fait pour y vivre ; nourri & meu-
blé, comme je me souviens de l'avoir
été dans mon voyage de Westphalie. Il
est heureux, crois moi, que la nécessité
de cet humble esclavage ne vienne point
de sa hauteur & de sa tyrannie, & qu'elle
y soit assujettie la premiere !

Mais jamais Héros de Roman (à l'exception des Géans & des Dragons qu'ils
avoient à combattre) fut-il appellé à de
plus rudes épreuves ? Naissance, fortune,
grandeur future de mon côté ! Un misérable pour rival ! Ne faut-il pas que je
sois déplorablement amoureux pour
sur monter tant de difficultés & braver
tant de mépris ? Par ma foi j'ai honte de
moi-même ! Moi, d'ailleurs, qui par des
obligations précédentes me rens coupable
d'un parjure, si je suis fidelle à quelque
femme au monde.

Cependant, pourqnoi rougirois-je de
mes humiliations ? N'est-il pas glorieux
d'aimer celle qu'on ne peut voir sans l'aimer, ou sans la révérer ; ou sans lui rendre ces deux tributs ensemble ? *La cause
de l'Amour*, suivant Dryden, *ne sauroit
être assignée. Il ne faut pas la chercher dans*

un vifage ; elle eft dans l'idée de celui qui aime. Mais s'il eût été contemporain de ma Clariffe, il auroit avoué fon erreur; & prenant enfemble figure, efprit & conduite, il auroit reconnu la juftice de la voix univerfelle en faveur de ce chef-d'œuvre de la nature.

Je te crois curieux de favoir fi je ne chaffe pas quelque autre proie, & s'il eft poffible pour un cœur auffi *banal* que le mien de fe borner fi long-tems au même objet ? Pauvre Belford ! Tu ne connois pas cette charmante créature, fi tu peux me faire de telles queftions ; ou tu t'imagines me connoître mieux que tu ne fais. Tout ce qu'il y a d'excellent dans ce fexe, s'eft réuni pour compofer Clariffe Harlove. Jufqu'à ce que le mariage ou d'autres intimités de la même nature me l'ayent fait trouver moins parfaite que les fubf-tances Angeliques, il eft impoffible que je m'occupe d'une autre femme : & puis, pour un efprit tel que le mien, il y a dans cette affaire tant d'autres aiguillons que ceux de l'amour ! Un fi beau champ pour l'intrigue & les ftratagêmes, dont tu fçais que je fais mes délices ! Comptes-tu pour rien la fin qui doit couronner mes peines ? Devenir maître d'une fille telle que Clariffe, en dépit de fes impla-

cables surveillans , en dépit d'une prudence & d'une réserve que je n'ai jamais
trouvées dans aucune femme! Quel triomphe ! Quel triomphe sur tout le sexe !
D'ailleurs n'ai - je pas une vengeance á
satisfaire ? Une vengeance, que la politique me fait tenir en bride, mais pour
éclater dans l'occasion avec plus de furie.
Conçois-tu qu'il y ait place pour une
seule pensée qui ne soit d'elle, & qui ne
lui soit dévouée ?

Les avis que je reçois à ce moment
me donnent lieu de croire que j'aurai
besoin ici de toi. Ainsi tiens-toi prêt à
partir au premier avis.

Que *Belton* , *Mowbray* , & *Tourvil* se
tiennent prêts aussi. Je médite quelque
moyen de faire voyager James Harlove
pour lui former un peu l'esprit & les manieres. Jamais sot campagnard n'en eût
plus de besoin. N'ai-je pas dit, *je médite ?*
Ma foi le moyen est déjà trouvé. Il ne
manque que de le mettre en execution,
sans qu'on puisse me soupçonner d'y avoir
eu part. C'est une résolution prise. J'aurai du moins le frere, si je n'ai pas la sœur.

Mais quel que puisse être le succès de
cette entreprise , la carriere paroît ou-

verte à préfent pour de glorieux atten-
tats. On a formé depuis quelque tems
une ligue qui me ménace. Les oncles &
le neveu , qui ne fortoient auparavant
qu'avec un feul laquais, doivent en prendre deux ; & ce double train doit être
doublement armé , lorfque les maîtres
hazarderont leurs têtes hors de leurs
maifons. Cet appareil de guerre marque une haine déclarée contre moi , &
une ferme réfolution en faveur de Solmes. Je crois qu'il faut attribuer ces
nouveaux ordres à une vifite que je
fis hier à leur Eglife ; lieu propre néanmoins pour commencer une réconciliation , fi les chefs de la famille étoient
Chrétiens, & s'ils fe propofoient quelque
chofe dans leurs prieres. Mon efpérance étoit de recevoir une invitation , ou
de trouver du moins quelque prétexte
pour les accompagner à leur retour , &
de me procurer ainfi l'occafion de voir
ma Déeffe ; car je m'imaginois qu'ils
n'oferoient pas me refufer les devoirs
communs de la civilité. Mais il femble
qu'à ma vûe la terreur les ait faifis , &
qu'ils n'ayent pû s'en rendre maîtres. Je
remarquai certainement du trouble fur
leurs vifages , & qu'ils s'attendoient tous
à quelque événement extraordinaire : ils

ne se seroient pas trompés, si j'avois été plus sûr du cœur de leur fille. Cependant je ne pense pas à leur nuire ; pas même à blesser un cheveu de leurs têtes stupides.

Vous aurez vos instructions par écrit, si l'occasion le demande. Mais après tout, je me figure qu'il suffira de vous montrer avec moi. Qu'on me trouve quatre hommes d'aussi bonne mine : un air aussi fier que celui de Mowbray ; aussi vif, aussi mutin que celui de Belton ; aussi agréable & aussi pimpant que celui de Tourvil : aussi mâle & aussi militaire que le tien. Et moi votre chef? Où sont les ennemis que nous ne fassions pas trembler ? Enfans! il faut que chacun vienne accompagné d'un ou deux de ces valets, choisis depuis long-tems pour leurs qualités semblables à celles des maîtres.

Tu vois, ami, que j'ai écrit comme tu le désires ; écrit sur quelque chose ; sur rien ; sur la vengeance que j'aime ; sur l'amour que je haïs, parce qu'il est mon maître ; le Diable sait sur quoi ; car en jettant les yeux sur ma Lettre, je suis étonné de sa longueur. Qu'elle fût communiquée à personne, c'est à quoi je ne consentirois pas pour la rançon d'un Roi. Mais tu m'as dis qu'il me suffisoit de t'écrire pour te donner du plaisir.

Prens-en donc. Je t'ordonne d'en prendre à me lire. Si ce n'eſt pas pour l Ecri-
vain, ni pour ce qu'il t'écrit, que ce ſoit
pour faire honneur à ta parole. Sur quoi,
finiſſant en ſtile royal, (car n'y-a-t'il pas
de l'apparence que dans la grande affaire
que j'entreprens, je ſerai ton Roi & ton
Empereur ?) je te dis gravement, *Adieu*.

LETTRE XXXII.

Miſs CLARISSE HARLOVE, à Miſs HOWE.

Mardi 12 *de Mars.*

JE vous envoye la copie de mes Lettres
à mes deux oncles, avec les réponſes ;
& vous laiſſant le ſoin d'y faire vos remarques, je n'en ferai moi-même aucune.

A M. JULES HARLOVE.

Samedi 21 *de Mars.*

PErmettez-moi, mon très - honoré
ſecond pere, comme vous m'avez
appris à vous nommer dans mes heureux
jours, d'implorer votre protection auprès de mon pere, pour obtenir de ſa
bonté la diſpenſe d'un commandement
ſur lequel il ne peut inſiſter ſans me rendre miſérable toute ma vie.

Toute ma vie ! Je le .repete. Eſt-ce une bagatelle , mon cher oncle ? N'eſt-ce pas moi qui dois vivre avec l'homme qu'on me propoſe ? Eſt-ce une autre que moi ? Ne me laiſſera-t-on pas la liberté de juger , pour mon propre intérêt , ſi je puis ou ſi je ne puis pas vivre heureuſement avec lui ?

Suppoſons que ce malheur m'arrive : ſera-t-il prudent de me plaindre ou d'en appeller ? Et quand il le feroit , de qui eſpérer du ſecours contre un mari ? Le dégoût invincible & déclaré que j'ai pour lui ne ſuffiroit-il pas pour juſtifier ſes plus mauvais traitemens , quand je me ferois toute la violence poſſible pour remplir mon devoir ? Et ſi j'obtenois cet empire ſur moi-même , ne ſeroit-ce pas la crainte ſeule qui me rendroit capable d'un ſi grand effort ?

Je le repete encore une fois , ce n'eſt point une bagatelle , & c'eſt pour toute ma vie. De grace , mon cher oncle , pourquoi voudroit-on me condamner à une vie miſérable ? Pourquoi ferois-je réduite à n'avoir pour toute conſolation que l'eſpérance d'en voir bientôt la fin.

Le mariage qui promet le plus eſt un engagement aſſez ſolemnel pour faire trembler une jeune perſonne , lorſqu'elle y pense serieusement. Etre abandonnée à un homme étranger & transplantée dans une nouvelle famille ; perdre jusqu'à son nom, pour marque d'une dépendance absoluë; entrer dans l'obligation de préférer cet étranger à son pere, à sa mere, à tout l'univers, & l'humeur de cet étranger à la sienne, ou de disputer peut être aux dépens de son devoir, pour l'exercice le plus innocent de sa propre volonté ! se faire un cloître de sa maison, former de nouvelles connoissances ; abandonner les anciennes ; renoncer peut-être à ses plus étroites amitiés, sans avoir droit d'examiner si cette contrainte est raisonnable ou non, & sans autre regle en un mot que l'ordre d'un mari ; assurément, Monsieur, tous ces sacrifices ne peuvent être exigés d'une jeune fille, que pour un homme qu'elle soit capable d'aimer. S'il en arrive autrement, quel est son malheur ! Que sa vie est miserable ! en supposant qu'un sort si triste mérite le nom de vie.

Je voudrois qu'il dépendît de moi de pouvoir vous obéir à tous. Quel plus doux plaisir pour moi que de vous obéir, si je le pouvois ! Commencez par vous marier, m'a dit un de mes plus chers parens ; l'amour suivra le mariage. Mais comment

goûter cette maxime ? Mille chofes ar-
rivent dans les mariages les mieux affor-
tis, qui peuvent n'en faire qu'un état
purement fuportable. Que fera - ce
donc, lorfqu'un mari, loin de pouvoir
compter fur l'affection de fa femme, aura raifon d'en douter, parce qu'il fera
perfuadé qu'elle lui auroit préféré tout
autre homme fi elle avoit été maîtreffe
de fon choix ? Combien de défiances,
de jaloufies, de froideurs, de préventions
défavantageufes doivent troubler la paix
d'une telle union ? L'action la plus inno-
cente, un fimple regard peut être mal
interpreté : tandis que de l'autre part,
l'indifférence, pour ne rien dire de plus,
prendra la place du defir d'obliger, & la
crainte fera l'office de l'amour.

Attachez-vous un peu férieufement
à ces réflexions, mon cher oncle, & re-
préfentez-les à mon pere avec la force
qui convient au fujet, mais que la foi-
bleffe de mon fexe & celle d'un âge fans
expérience, ne me permettent pas de
donner à cette peinture. Employez tout
le pouvoir que vous avez fur fon efprit,
pour empêcher que votre malheureufe
niéce ne foit livrée à des maux fans remede.

J'ai offert de renoncer au mariage, fi

cette condition peut être acceptée. Quelle disgrace n'est-ce pas pour moi de me voir privée de toute sorte de communication, bannie de la présence de mon pere & de ma mere ; abandonnée de vous Monsieur, & de mon autre cher oncle ; empêchée d'assister au service divin, qui seroit vraisemblablement la ressource la plus propre à me ramener au devoir, si j'avois eu le malheur de m'en écarter ? Est-ce le moyen, Monsieur, par lequel on se promet de faire impression sur un esprit libre & ouvert ? Une si étrange méthode n'est-elle pas plus capable d'endurcir que de convaincre ? Je ne saurois vivre dans une si douleureuse situation. A peine les domestiques, qu'on avoit eu la bonté de soumettre à mes ordres, ontils la hardiesse de me parler. Ma propre servante est congediée, avec des marques éclatantes de soupçon & de mécontentement : on me soumet à la conduite d'une servante de ma sœur.

La rigueur peut être poussée trop loin. Je vous le dis de bonne foi, Monsieur, & chacun se repentiroit alors de la part qu'il y auroit eue.

M'est-il permis de proposer un expédient ? Si je dois être observée, bannie, renfermée, que ce soit, Monsieur, dans

votre maison. Alors, du moins, l'étonnement diminuera parmi les honnêtes gens
du voisinage, de ne plus voir à l'Eglise
une personne dont ils n'avoient pas mauvaise opinion, & de voir sa porte fermée à leurs visites.

Je me flatte qu'il n'y a point d'objection à faire contre cette idée. Vous pre-
niez plaisir, Monsieur, à me voir chez
vous dans un tems plus heureux. N'au-
rez-vous pas la bonté de m'y souffrir dans
mes disgraces, jusqu'à la fin de ces malheureux troubles ? Je vous donne ma parole de ne pas mettre le pied dehors, si
vous me le défendez, & de ne voir personne sans votre consentement, pourvû
que vous ne m'ameniez pas M. Solmes
pour continuer ses persécutions.

Procurez-moi cette faveur, mon cher
oncle, si vous ne pouvez en obtenir une
plus grande encore, qui seroit celle d'u-
ne heureuse reconciliation. Cependant
mes espérances se ranimeront, lorsque
vous commencerez à plaider pour moi ;
& vous mettrez le comble à ces anciennes bontés, qui m'obligent d'être toute
ma vie, &c.

CL. HARLOVE.

REPONSE.

Dimanche au soir.

C'Eſt un grand chagrin pour moi , ma chere niéce, qu'il y ait quelque choſe au monde que je ſois forcé de vous refuſer. Cependant tel eſt le cas où je ſuis ; car ſi vous ne faites pas un effort ſur vous-même pour nous obliger dans un point ſur lequel nous étions liés par des promeſſes d'honneur avant que nous ayons pû prévoir de ſi fortes oppoſitions; vous ne devez point vous attendre à redevenir jamais ce vous avez été pour nous.

En un mot , ma niéce , nous ſommes une *Phalange en ordre de bataille.* Vos lectures ne vous laiſſent ignorer que ce que vous devriez le mieux ſavoir ; ainſi cette expreſſion vous fera juger que nous ſommes impénetrables à vos perſuaſions, & d'une invincible réſiſtance. Nous ſommes convenus entre nous , que tous céderont, ou perſonne , & que l'un ne ſe laiſſera point fléchir ſans l'autre. Ainſi vous connoiſſez votre deſtinée , & vous n'avez point d'autre parti que celui de vous rendre.

Je dois vous repréſenter que la vertu

d'obéiſſance ne conſiſte pas à obliger pour être obligée ſoi-même , mais à faire le ſacrifice de ſon inclination ; ſans quoi j'ignore où en ſeroit le mérite.

A l'égard de votre expédient , je ne puis vous recevoir chez moi , Miſs Clary, quoique ce ſoit une priere que je ne me ſerois jamais imaginé devoir vous réfuſer. Quand vous ſeriez fidelle à ne voir perſonne ſans notre conſentement , vous pourriez écrire à quelqu'un & recevoir de ſes lettres. Nous ſavons trop bien que vous le pouvez & que vous l'avez fait. Notre honte & notre pitié n'en ſont pas moindres.

Vous offrez de renoncer au mariage. Nous ſouhaitons de vous voir mariée. Mais parce que vous ne pouvez obtenir l'homme que votre cœur déſire , vous rejettez ceux que nous vous offrons. Oh bien , Miſs , comme nous ſavons que de maniere ou d'autre vous êtes en cor-reſpondance avec lui , ou du moins que vous y avez été auſſi long-tems que vous l'avez pû ; & qu'il nous brave tous , & qu'il n'auroit pas cette audace s'il n'é-toit pas ſûr de vous en dépit de toute la famille , (ce qui n'eſt pas, comme vous le pouvez croire , une petite mortifica-tion pour nous ;) notre reſolution eſt de ruiner ſes deſſeins, & de triompher de lui plûtôt que de ſouffrir qu'il triomphe de nous. C'eſt vous dire tout d'un ſeul mot. Ne comptez donc pas ſur ma protection. Je ne veux point plaider pour vous, & c'en eſt aſſez de la part d'un oncle mécontent.

JULES HARLOVE.

P. S. Pour le reſte, je m'en rapporte à Mon frere Antonin.

A M. ANTONIN HARLOVE.

Samedi 11 *de Mars.*

MON TRES-HONORE' ONCLE.

COmme vous avez jugé à propos, en me préſentant M. Solmes, de me le recommander particulierement ſous le titre d'un de vos meilleurs amis, & de me demander pour lui tous les égards qu'il mérite par cette qualité, je vous ſupplie de lire, avec un peu de patience, quelques réflexions que je prens la liberté de vous offrir, entre mille dont je ne veux pas vous fatiguer.

Je ſuis prévenue, dit-on, en faveur d'une autre perſonne. Ayez la bonté,

Monſieur, de conſidérer que lorſque mon frere eſt revenu d'Ecoſſe, cette autre perſonne n'avoit point été rejettée de la famille, & qu'on ne m'avoit pas défendu de recevoir ſes viſites. Serois-je donc ſi coupable, de préferer une connoiſſance d'un an, à une connoiſſance de ſix ſemaines? Je ne puis m'imaginer que du côté de la naiſſance, de l'éducation & des qualités perſonnelles, on prétende qu'il y ait la moindre comparaiſon à faire entre les deux ſujets. Mais j'ajoutèrai, avec votre permiſſion, Monſieur, qu'on n'auroit jamais penſé à l'un, s'il n'avoit fait des offres qu'il me ſemble que la juſtice ne me permet pas plus de recevoir, qu'à lui de les propoſer; des offres, que mon pere ne lui auroit jamais demandées, s'il ne les avoit propoſées lui-même.

Mais on accuſe l'un, d'un grand nombre de défauts. L'autre eſt-il ſans réproche? La principale objection qu'on fait contre M. Lovelace, & dont je ne prétends pas le juſtifier, regarde ſes mœurs, qu'on ſuppoſe fort corrompues dans ſes amours. Celles de l'autre ne le ſont-elles pas dans ſes haines? & dans ſes amours auſſi, pourrois-je dire avec autant de juſtice; puiſque la différence n'eſt que dans

l'objet

l'objet, & que l'amour de l'argent est la racine de tous les maux.

Mais si l'on me croit prévenue, quelle est donc l'espérance de M. Solmes? Dans quelle vûe persevere-t'il? Que dois-je penser de l'homme qui souhaite de me voir à lui contre mon inclination? Et n'est-ce pas une rigueur extréme, dans mes amis, d'exiger ma main pour un homme que je ne puis aimer, tandis qu'ils paroissent persuadés que j'ai le cœur prévenu en faveur d'un autre?

Traitée comme je le suis, c'est le tems, ou jamais, de parler pour ma défense. Voyons sur quels fondemens Monsieur Solmes peut s'appuyer. Croit-il se faire un mérite à mes yeux de la disgrace qu'il attire sur moi? Se figure-t'il gagner mon estime par la feverité de mes oncles, par les mépris de mon frere, par les duretés de ma sœur, par la perte de ma liberté, par le retranche-ment d'une ancienne correspondance avec la meilleure amie que j'aye dans mon sexe, une personne d'ailleurs irré-prochable du côté de l'honneur & de la prudence? On m'enleve une servante que j'aime; on me soumet à la conduite d'une autre; on me fait une prison de ma chambre, dans la vûe déclarée de me

mortifier ; on m'ôte l'adminiſtration domeſtique, à laquelle je prenois d'autant
plus de plaiſir, que je ſoulageois ma mere dans ces ſoins, pour leſqueis ma ſœur
n'a pas de goût. On me rend la vie ſi en-
nuyeuſe, qu'il me reſte auſſi peu d'inclination que de liberté, pour mille choſes
qui faiſoient autrefois mes délices. Voilà les meſures qu'on croit néceſſaires, pour
m'humilier, juſqu'à me rendre propre à
devenir la femme de cet homme-là ! meſures qu'il approuve & dans leſquelles il
met ſa confiance. Mais je veux bien lui
déclarer qu'il ſe trompe, s'il prend ma
douceur & ma facilité pour baſſeſſe d'a-
me, & pour diſpoſition à l'eſclavage.

Une grace que je vous demande, Monſieur, c'eſt de conſiderer un peu ſon caractere naturel & le mien. Quelles ſont
donc les qualités par leſquelles il eſpere
de m'attacher à lui ? Eh ! Mon cher
Monſieur, ſi je dois être mariée malgré
moi, que ce ſoit du moins à quelqu'un qui ſache lire & écrire, enfin de
qui je puiſſe apprendre quelque choſe.
Quel mari, qu'un homme dont tout le
ſavoir ſe réduit à commander, & qui a
beſoin lui-même des inſtructions qu'il devroit donner à ſa femme !

On me traitera de préſomptueuſe ; on

m'accusera de tirer vanité d'un peu de lecture & de facilité à écrire, comme on l'a déja fait il y a peu de jours Mais si ce reproche est bien fondé, l'assortiment n'en est-il pas plus inégal ? Plus on me supposera d'estime pour moi-même, moins j'en dois avoir pour lui; & moins sommes nous faits l'un pour l'autre. Je m'étois flattée, Monsieur, que mes amis avoient un peu meilleure opinion de moi. Mon frere a dit, un jour, que c'étoit le cas même qu'on faisoit de mon caractere, qui donnoit de l'éloignement pour l'alliance de M. Lovelace : comment peut-on donc penser à un homme tel que M. Solmes ?

Si l'on fait valoir la grandeur de ses offres, j'espere qu'il me sera permis de répondre, sans augmenter votre mécontentement, que tous ceux qui me connoissent ont lieu de me croire beaucoup de mépris pour ces motifs. Que peuvent les offres, sur une personne qui a déja tout ce qu'elle désire ; qui a plus, dans son état de fille, qu'elle ne peut esperer qu'un mari laisse jamais à sa disposition; dont la dépense d'ailleurs & l'ambition sont moderées, & qui penseroit bien moins à grossir son trésor, en gardant le surperflu, qu'à l'employer au

foulagement des misérables ? Ainsi lorfque des vûes de cette Nature ont si peu
de force pour mon propre intérêt, peut-
on se figurer que des projets incertains,
des idées éloignées d'aggrandissement de
famille, dans la personne de mon frere
& dans ses descendans, ayent jamais sur
moi beaucoup d'influence ?

La conduite que ce frere tient à mon
égard, & le peu de considération qu'il
a marqué pour la famille, en aimant
mieux hazarder une vie que sa qualité
de fils unique doit rendre précieuse, que
de ne pas satisfaire des passions qu'il se
croiroit deshonoré de subjuguer, & pour
lesquelles j'ose dire que son propre repos
& celui d'autrui demanderoient qu'on eut
moins d'indulgence ; sa conduite, dis-
je, a-t'elle mérité de moi en particulier,
que je fasse le sacrifice du bonheur de ma
vie, &, qui le sçait ? celui peut-être de
mon bonheur éternel ; pour contribuer
au succès d'un plan, dont je m'engage
volontiers, si l'on m'en accorde la permission, à démontrer, sinon l absurdi-
té, du moins l'incertitude & le défaut de
vraisemblance ?

J'appréhende Monsieur, que vous
ne me trouviez trop de chaleur. Mais
n'y suis-je pas forcée par l'occasion ? C'est

pour en avoir mis trop peu dans mes op-
.pofitions , que je me fuis attiré la difgrace qui excite mes gémiffemens. Paffez
quelque chofe , je vous en conjure , à
l'amertume d'un cœur qui fe fouleve un
peu contre fes infortunes , parceque fe
connoiffant bien lui-même , il fe rend témoignage qu'il ne les a pas méritées.

Mais pourquoi me fuis-je arrêtée fi
long-tems à la fuppofition que je fuis
prévenue en faveur d'un autre , lorfque
j'ai déclaré à ma mere , comme je vous
le déclare auffi , Monfieur , que fi l'on
ceffe d'infifter fur la perfonne de M. Solmes , je fuis prête à renoncer , par toutes
fortes d'engagemens , & à l'autre , & à
tout autre homme ; c'eft-à-dire à ne me
marier jamais fans le confentement de
mon pere , de ma mere , de mes oncles ,
& de mon coufin *Morden* , en qualité
d'Exécuteur des dernieres difpofitions de
mon grand pere. Pour ce qui regarde
mon frere , on me permettra de dire que
fes derniers traitemens ont été fi peu fra-
ternels , qu'ils ne lui donnent droit à rien
de plus que mes civilités : & fur cette det-
te mutuelle , je puis ajouter qu'il eft fort
en arriere avec moi.

Si je ne me fuis pas expliquée affez
nettement fur M. Solmes , pour faire

connoître que le dégoût que j'ai pour lui
ne vient point de la prévention dont on
m'accuse en faveur d'un autre, je déclare solemnellement, que fut-il le seul
homme qui existât dans la nature, je ne
voudrois pas être sa femme. Comme il
est nécessaire pour moi de mettre cette
vérité hors de doute, à qui puis-je adresser mieux mes sinceres explications,
qu'à un oncle qui fait hautement profession d'ouverture de cœur & de sincerité.

Cette raison m'encourage même à
donner un peu plus d'étendue à quelques-
unes de mes objections.

Il me paroît, comme à tout le monde, que M. Solmes a l'esprit extrêmement étroit, sans aucune sorte de capa-
cité. Il est aussi grossier dans ses manieres que dans sa figure. Son avarice est
diabolique. Au milieu d'une immense fortune, il ne jouit de rien ; & n'étant pas
mieux partagé du côté du cœur, il n'est
sensible aux maux de personne. Sa propre sœur ne mene-t elle pas une vie miserable, qu'il pourroit rendre plus douce
avec la moindre partie de son superflu ?
Et ne souffre-t'il pas qu'un oncle fort âgé,
le frere de sa propre mere, ait obligation à des Etrangers de la pauvre sub-
sistance qu'il tire d'une demie douzaine

d'honêtes familles ? Vous connoiſſez,
Monſieur, mon caractere ouvert, franc,
communicatif. Quelle vie ſeroit la
mienne, dans un cercle ſi étroit & borné uniquement à l'intérêt propre, hors
duquel cette ſorte d'œconomie ne me
laiſſeroit jamais ſortir plus que lui-même ?

Un homme tel que lui, capable d'a-
mour ! Oui, pour l'héritage de mon
grand-pere, qui eſt ſitué, comme il l'a
dit à pluſieurs perſonnes (& comme il
me l'a fait entendre à moi-même, avec
cette eſpece de plaiſir, que prend une
ame baſſe à laiſſer voir que c'eſt ſon propre intérêt qui lui fait déſirer quelque faveur d'autrui) dans un Canton ſi
favorable pour lui, qu'il ſerviroit à faire
valoir au double une partie conſidérable de ſon propre bien. L'idée de cette
acquiſition, par une alliance qui rele-
veroit un peu ſon obſcurité, peut lui
faire penſer qu'il eſt capable d'amour, &
lui perſuader même qu'il en reſſent. Mais
ce n'eſt au plus qu'un amour ſubordon-
né. Les richeſſes ſeront toujours ſa premiere paſſion. Celles qu'il poſſede ne
lui ont été laiſſées qu'à ce titre, par un autre avare Et l'on veut me faire renoncer
à tous les goûts dont je fais mes délices,

pour m'avilir à penſer comme lui , ou
pour mener la plus malheureuſe vie du
monde ! Pardonnez, Monſieur, la dureté de ces expreſſions. On menage quel·
quefois moins qu'on ne voudroit les perſonnes pour leſquelles on ſe ſent du dégoût, lorſqu'on leur voit accorder une
faveur dont on ne les croit pas dignes ;
& je ſuis plus excuſable qu'une autre ,
dans le malheur que j'ai d'être preſſée avec
une violence, qui ne me permet pas de
choiſir toûjours mes termes.

Quand cette peinture ſeroit un peu
trop forte, c'eſt aſſez que je me le re-
préſente ſous ces couleurs , pour ne le
voir jamais dans le jour ſous lequel il
m'eſt offert. Bien plus ; quand à l'épreuve il pourroit ſe trouver dix fois meilleur que je ne l'ai repréſenté , & que je
ne le crois de bonne foi , il ne laiſſeroit
pas d'être dix fois plus déſagréable pour
moi qu'aucun autre homme. Je vous
conjure donc , Monſieur, de vous rendre
l'Avocat de votre niéce , pour la garantir d'un malheur qu'elle redoute plus que
la mort.

Mes deux oncles peuvent obtenir beaucoup de mon pere , s'ils ont la bonté
d'embraſſer un peu mes intérêts. Soyez
perſuadé , Monſieur, que ce n'eſt pas

l'obstination qui me gouverne. C'est l'aversion ; c'est une aversion qu'il m'est impossible de vaincre. Dans le sentiment de l'obéissance que je dois à la volonté de mon pere, je me suis efforcée de raisonner avec moi-même, & j'ai mis mon cœur à toutes sortes d'épreuves ; mais il se refuse à mes efforts. Il me reproche de le tenter en faveur d'un homme, qui dans la vûe sous laquelle il se présente à moi, n'a rien de supportable à mes yeux; & qui n'ignorant pas l'excès de mon aversion ne feroit pas capable d'une persécution si odieuse, s'il avoit les sentimens d'un honête homme.

Puissiez-vous trouver assez de force à mes raisons pour en être attendri ! Vous les soutiendriez de votre crédit, & j'oserois tout en esperer. Si vous n'approuvez pas ma Lettre, je serai bien malheureuse! Cependant la justice m'oblige de vous écrire avec cette franchise, pour apprendre à M. Solmes sur quoi il peut compter. Pardonnez-moi ce qu'une si longue apologie peut avoir eu d'ennuieux pour vous. Souffrez qu'elle ait un peu de poids sur votre esprit & sur votre cœur. Vous obligerez à jamais votre , &c.

CL. HARLOVE

REPONSE.

De M. Antonin Harlove.

MA niéce Clary, vous auriez mieux fait de ne pas nous écrire, ou de n'écrire à aucun de nous. Pour moi, en particulier, le mieux auroit été de ne jamais m'entretenir du sujet sur lequel vous m'écrivez. *Celui qui parle le premier dans sa cause*, dit le sage, *paroît avoir raison; mais son voisin vient ensuite & l'examine.* Je serai ici votre voisin, & je vais examiner votre cœur jusqu'au fond, du moins si votre lettre est écrite du fond du cœur. Cependant je conçois que c'est une gran-entreprise, parce que votre adresse * est assez connue dans l'ecriture. Mais, comme il est question de défendre l'autorité d'un pere, le bien, l honneur & la prospérité de la famille d'où l'on est sorti, il seroit bien surprenant qu'on ne pût renverser tous les beaux argumens par lesquels un *enfant rebelle* veut soutenir son obstination. Vous voyez que j'ai une sorte de répugnance à vous donner le nom de *Miss Clary Harlove.*

* Chaque Lettre portant le caractere de celui qui l'écrit, celle-ci se sent beaucoup du naturel grossier de l'oncle Antonin, que M. Lovelace nomme quelque part un *gros Matelot.* On a tâché de conserver cette teinture, autant que la différence des langues l'a permis.

Premierement ne convenez-vous pas
(& cela malgré la déclaration contraire ,
que vous avez faite à votre mere) que
vous préferez l'homme que nous haïf-
fons tous , & qui nous le rend bien !
Enfuite quel portrait faites-vous d'un
digne homme? Je m'étonne que vous
ofiez parler fi librementd'un homme,pour
lequel nous avons tous du refpect. Mais
c'eft peut-être par cette raifon même.

Comme vous commencez votreLettre!
Parce que je vous ai recommandéM.Sol-
mes comme mon ami , vous l'en traitez
plus mal. C'eft le vrai fens de votre beau
langage , Mifs. Je ne fuis pas fi fot que
je ne m'en apperçoive bien. Ainfi donc
un *Putaffier* reconnu doit être préferé à
un homme qui aime l'argent ? Souffrez
que je vous le dife , ma niéce , cela ne
convient pas trop à une perfonne auffi
délicate qu'on vous l'a toujours crue. Qui
commet le plus d'injuftice , croyez-vous,
d'un homme qui prodigue ou d'un homme qui épargne ? L'un garde fon propre
argent ; l'autre dépenfe celui d'autrui.
Mais votre favori eft un homme fans défaut.

Votre fexe a le Diable au corps. Je
demande pardon à Dieu de l'expreffion.
La plus délicate d'entre vous autres fem-
D vj

mes préferera un libertin , un *Put....*
Je fuppofe qu'il ne faut pas repeter ce vilain mot. Le mot offenferoit; tandis que le
vi..ieux, qui eft nommé par ce mot, plaît
& obtient la préférence. Je ne ferois pas
demeuré garçon jufqu'aujour-d'hui , fi je
n'avois remarqué ce tas de contradictions
dans toutes autant que vous êtes. Des
Couleufes de moucherons & des *avalleufes de
Chameaux*, comme dit fort bien la véne-
rable Sainte Ecriture. Quels noms la
perverfité ne donne-t'elle pas aux chofes ?
Un homme prudent, qui a l'intention
d'étre jufte à l'égard de tout le monde,
eft un avare ; tandis qu'un vil débauché
fera baptifé du nom de galant homme,
d'homme poli , je vous en repons!

On ne m'ôtera pas de la tête que Lovelace n'auroit jamais autant de confidération pour vous qu'il en affecte , fans
deux raifons. Et quelles font-elles ? Son
dépit contre nous , c'en eft une. L'autre,
c'eft votre fortune indépendante. Il eft à
fouhaiter que votre grand pere, en faifant
ce qu'il a fait , ne vous eut pas accordé
tant de pouvoir , comme je le puis dire.
Mais il ne penfoit gueres que fa petite
fille bien-aimée en eut abufé contre tous
fes parens, comme elle a fait.

Que peut efperer M. Solmes fi vous avez

le cœur prévenu ? Oui da, ma niéce Clary ? C'eſt donc vous qui parlez de la
ſorte ? N'a-t'il donc rien à eſpérer de la
recommandation de votre pere & de votre mere, & de la notre ? Non, rien du
tout ce me ſemble. Cela eſt fort beau, en
vérité. J'aurois penſé pourtant qu'avec
un enfant reſpectueux, comme nous vous
l'avons toujours crue, ce devoit être aſſez. Le fond que nous avons fait ſur votre
obéiſſance nous a fait aller en avant. Il
n'y a plus de remede à préſent ; car nous
ne voulons pas qu'on ſe mocque de nous
ni de notre ami M. Solmes. C'eſt tout ce
que j'ai à vous dire.

Si votre bien lui eſt convenable, où
eſt donc la merveille ? Cela prouve-t'il,
ma niéce le bel eſprit, qu'il n'ait point
d'amour pour vous ? Il faut bien qu'il
trouve quelque choſe d'agréable *avec
vous*, puiſqu'il n'a rien d'agréable à ſe
promettre de *vous*. Remarquez bien cela.
Mais, dites moi un peu, ce bien n'eſt-
il pas à nous, en quelque ſorte ? N'y
avons nous pas tous notre intérêt, & un
droit qui a précédé le votre, ſi l'on avoit
égard au droit ? D'où vous vient-il,
ſi ce n'eſt du radotage d'un bon vieillard,
(Dieu veuille avoir ſon ame), qui vous
l'a donné par préférence à tous autant

que nous fommes? Par confequent, ne devons-nous pas avoir droit de choifir qui aura ce bien en mariage avec vous? Et pouvez-vous fouhaiter en confcience que nous le laiffions emporter à un drole qui nous hait tous? Vous me recommandez de bien péfer ce que vous m'avez écrit. Péfez bien cela vous-même, petite fille; & vous trouverez que nous avons plus à dire pour nous, que vous ne vous en doutez.

A l'égard de la dureté, comme vous dites, avec laquelle on vous traite, prenez-vous en à vous-même... Il dépend de vous de la faire finir. Ainfi, je regarde cela comme rien. On ne vous a banie & confinée, qu'après avoir tenté avec vous les priéres & les bons difcours.... Remarquez bien cela. Et M. Solmes ne peut que faire à votre obftination. Remarquez cela auffi.

Pour la liberté de faire des vifites & d'en recevoir, c'eft une chofe dont vous ne vous êtes jamais beaucoup fouciée. Ainfi, c'eft une peine qu'on n'a jointe aux autres que pour faire un poids dans la balance. Si vous parlez du défagrément, c'en eft un pour nous comme pour vous. Une jeune créature fi aimable! Une fille, une niéce dont nous faifions notre gloire ! dailleurs, cet article dépend de vous comme le reste. Mais votre cœur se réfuse, dites-vous, lorsque vous voudriez vous persuader à vous même d'obéïr à vos parens : n'est-ce pas une belle description que vous faites-là ? Et malheureusement elle n'est que trop vraie dans la partie qui vous regarde. Mais moi, je suis sur que vous pourriez aimer M. Solmes si vous le vouliez. Il m'est venu à l'esprit de vous commander de le haïr. Peut-être qu'alors vous l'aimeriez ; car j'ai toujours remarqué dans votre sexe une horrible perversité romanesque. Faire & aimer ce que vous ne devriez pas, c'est boire & manger pour vous autres femmes.

Je suis absolument de l'avis de votre frere ; que si la lecture & l'écriture vont assez à l'esprit des jeunes filles, ce sont des choses trop fortes pour leur jugement. Vous dites, qu'on pourra vous accuser d'être vaine, d'être présomptueuse : c'est la vérité, ma niéce. Il y a de la présomption & de la vanité à mépriser un honête homme, qui sait lire & écrire, aussi-bien que la plupart des honêtes gens ; c'est moi qui vous le dis. Et où avez-vous pris, s'il vous plaît, que M. solmes ne sait ni lire ni écrire ?

Mais il vous faut un mari qui puiſſe vous apprendre quelque choſe ! Ce qui ſeroit à ſouhaiter, c'eſt que vous connuſſiez auſſi bien votre dévoir que vos talens. Voilà, ma niéce, ce qu'il vous faut apprendre ; & M. Solmes aura quelque choſe, par conſequent, dont il pourra vous inſtruire. Je ne veux pas lui montrer vottre lettre, quoique vous paroiſſiez le ſouhaiter ; de peur qu'elle ne l'excite à devenir un maître d'école trop ſevére, lorſque vous ſerez à lui.

Mais à préſent que j'y penſe, ſuppoſons que vous ſachiez mieux écrire que lui Hé bien, vous lui en ſerez plus utile. Cela n'eſt-il pas certain ? Perſonne n'entend mieux que vous l'économie ; vous tiendrez ſes comptes, & vous lui épargnerés la dépenſe d'un homme d'affaires. Je puis vous aſſurer, que c'eſt un grand avantage dans une famille ; car la plûpart de ces gens d'affaires ſont de vilains fripons, qui ſe gliſſent quelquefois dans les biens d'un homme avant qu'il les connoiſſe, & qui le forcent aſſez ſouvent de leur payer l'intérêt de ſon propre revenu. Je ne vois pas pourquoi ces ſoins ſeroient au-deſſous d'une bonne femme. Cela vaut mieux, que de paſſer les nuits à table ou à manier des cartes,

& de se rendre inutile au bien d'une famille, comme c'est la mode aujourd'hui.
Je donnerois volontiers au Diable toutes
celles qui sont dans ce mauvais train; si ce
n'est, graces à ma bonne étoile, que j'ai le
bonheur d'être encore garçon. Mais pour
vous, l'administration est une partie dans
laquelle vous êtes admirablement versée.
Vous êtes fachée même qu'on vous l'ait
ôtée ici, comme vous savez. Ainsi, Miss,
avec M. Solmes, vous aurez toujours quelque chose à tenir en compte pour votre
avantage & pour celui de vos enfans.
Avec l'autre, vous aurez peut-être aussi
quelque chose à compter, mais ce sera
ce qui vous passera *par dessus l'épaule gau-
che*; c'est-à dire ses dissipations, ses em-
prunts & ses dettes qu'il ne paiera jamais.
Allez, allez ma Niéce, vous ne connois-
sez pas encore le monde. Un homme
est un homme. Vous ne ferez peut-être
que partager un bel homme avec bien
d'autres femmes, & des femmes cou-
teuses, qui vous dépenseront tout ce que
vous aurez eu la bonté d'épargner. Te-
nons-nous donc à M. Solmes; nous pour
notre argent, & vous pour le votre,
j'espére.

Mais M. Solmes est un homme grossier. Il n'a point ce qu'il faudroit pour

votre délicatesse ; apparemment, parce qu'il ne se met pas comme un petit maitre, & parce qu il ne se repand pas en ridicules complimens, qui sont le poison des esprits femeles. Je vous assure, moi, que c'est un homme de sens. Personne n'est plus raisonnable avec nous. Mais vous le fuiez avec tant de soin, qu'il n'a jamais l'occasion de se faire connoître. Dailleurs l homme le plus sensé a l'air d'un fou lorsqu il est amoureux, surtout, s'il se voit méprisé, & traité aussi mal qu'il l'a été la derniere fois qu'il a voulu s'approcher de vous.

A l'égard de sa sœur, elle s'est précipitée, comme vous le voudriez faire, malgré tous ses avertissemens. Il lui avoit déclaré à quoi elle devoit s'attendre si elle faisoit le mariage qu'elle a fait. Il lui tient parole, comme tout honête homme y est obligé. Il en doit cuire, pour les fautes dont on est bien averti ; prenez garde que ce cas ne soit le votre. Remarquez bien cela.

Son oncle ne mérite de lui aucune faveur, car il n'a rien épargné pour attirer vers soi la succession d'un frere, qui avoit toujours été destinée pour M. Solmes leur neveu commun. Trop de facilité à pardonner ne fait qu'encourager

les offenses. C'eft la maxime de votre
pere ; & fi elle étoit mieux obfervée,
on ne verroit pas tant de filles opiniâtres.
La punition eft un fervice qu'on rend aux
pêcheurs. Les récompenfes ne doivent-
être que pour ceux qui les méritent,
& je fuis d'avis qu'on ne fauroit avoir
affez de rigueur contre les fautes volon-
taires.

Quant à fon amour, il n'en a que trop,
fi vous le mefurez à la conduite que vous
avez tenue dans ces derniers tems. Je ne
fais pas difficulté de vous le dire. Et c'eft
fon malheur, comme il pourra bien arriver que ce foit quelque jour le votre.

Pour fon avarice, que vous appellez
méchamment *diabolique*, mot affez libre
je vous en réponds dans la bouche d'une
jeune fille, il vous convient moins qu'à
perfonne de lui faire ce reproche, vous à
qui de fon feul mouvement il propofe de
donner tout ce qu'il poffede au monde ;
preuve qu'avec tout fon amour pour les
richeffes, il en a encore plus pour vous.
Mais afin qu'il ne vou. refte aucune ex-
cufe de ce côté-là, nous le lierons par des
articles que vous dicterez vous-même,
& nous l'obligerons à vous affigner une
fomme honnête, dont vous difpoferez
entierement. C'eft ce qu'on vous a déja

proposé ; & ce que j'ai dit à la bonne &
digne Madame Howe, en présence de sa
fille hautaine, dans la vûe que cela passât
jusqu'à vous.

Lorsqu'il est question de répondre sur
la prévention dont on vous accuse pour
Lovelace, vous offrez de ne jamais le
prendre sans notre consentement. Cela
signifie clairement que vous conserverez
l'espérance de nous amener au point, à
force d'attendre & de nous fatiguer. Il
ne perdra pas les siennes, aussi long-tems
qu'il vous verra fille. Et pendant ce tems-
là vous ne cesserez pas de nous tourmenter, vous nous mettrez dans la nécessité
de veiller continuellement sur vous, &
nous n'en serons pas moins exposés à son
insolence & à ses menaces. Souvenez-
vous de Dimanche dernier. Que seroit-il
arrivé, si votre frere & lui s'étoient ren-
contrés à l'Eglise ? Faut il vous dire aussi
que vous ne vous terez pas d'un esprit tel
que le sien, ce que vous pouvez espérer du
digne M. Solmes. Vous faites trembler
l'un : l'autre vous fera trembler vous-
même ; remarquez bien cela. Vous n'aurez personne alors à qui vous puissiez
avoir recours. S'il arrivoit quelque mes-
intelligence entre vous & M. Solmes,
nous pourrions tous nous entremettre, &

ce ne feroit pas fans effet. Mais avec l'autre, on vous diroit ; tirez-vous d'affaire, vous l'avez bien mérité. Personne ne voudroit, ou n'oseroit, ouvrir la bouche en votre faveur. Il ne faut pas, ma niéce, que la supposition de ces querelles domestiques vous épouvante. L'heureux mois du mariage n'est aujourd'hui que de quinze jours. C'est un drôle d'état, mon enfant, soit qu'on y entre par soi-même, ou par la direction de ses parens. De trois freres que nous sommes, il n'y en a qu'un, comme vous le savez, qui ait eu le courage de se marier. Et pourquoi, à votre avis ? Parce que l'expérience d'autrui nous a rendu sages.

N'ayez pas tant de mépris pour l'argent. Vous en apprendrez peut-être la valeur. C'est une connoissance qui vous manque, & que de votre propre aveu M. Solmes est capable de vous donner.

Je condamne assurément votre chaleur. Je ne passe rien à des chagrins que vous vous attirez vous même Si j'en croyois la cause injuste, je serois volontiers votre avocat : mais c'est un de mes anciens prinpes, que les enfans doivent-être soumis à l'autorité de leurs parens. Lorsque votre grand-pere vous laissa une bonne partie de sa succession, quoique ses trois fils, un petit fils, & votre sœur aînée fussent existans, nous y acquiesçâmes tous. Il suffisoit que notre pere l'eût voulu. C'est à vous d'imiter cet exemple. Si vous n'y êtes pas disposée, ceux qui vous le donnent n'en sont que plus en droit de vous trouver inexcusable. Remarquez cela, ma niéce.

Vous parlez de votre frere, d'un ton trop méprisant, & dans la lettre que vous lui écrivez, vous n'êtes pas assez respectueuse, non plus que dans celle que vous écrivez à votre sœur. C'est votre frere, après tout, qui est plus âgé que vous d'un tiers. C'est un homme. Lorsque vous avez tant de considération pour une *connoissance d'un an*, ayez la bonté, je vous prie, de ne pas oublier ce qui est dû à un frere, qui est après nous le chef de la famille, & de qui dépend en un mot le nom ; comme de votre juste complaisance dépend le plus noble plan qu'on ait jamais formé pour l'honneur de ceux dont vous sortez. Je vous demande si l'honneur de votre famille n'en est pas un pour vous ? Si vous ne le pensez pas, vous n'en êtes que moins digne. On vous fera voir le plan, à condition que bon ou mauvais, vous promettiez de le lire sans préjugé. Si l'amour ne vous à pas troublé le cerveau, je fuis fur que vous l'approuverez. Mais fi vous êtes malheureufement dant cet état-là, M. Solmes fût-il un Ange, cela ne ferviroit de rien ; le diable eft l'amour, & l'amour eft le diable, lorfqu'une femme fe le met dans la tête. J'en ai vû plufieurs exemples.

Quand M. Solmes feroit le feul homme qui exiftât dans la nature, vous ne voudriez pas de lui. Vous ne voudriez pas, Mifs ! en vérité, cela eft charmant. Nous voions combien il y a d'amertume en effet dans votre efprit. Ne foiez pas furprife, puifque vous en êtes à déclarer des *volontés* fi abfolues, que ceux qui ont de l'autorité fur vous difent à leur tour, *nous voulons* que vous ayiz M. Solmes. Je fuis du nombre. Remarquez bien cela. Et s'il vous convient de dire *non*, il nous convient à nous de dire *oui. Ce qui eft bon pour Monfieur eft bon pour Madame.* Mettez encore cela au nombre de vos remarques.

J'appréhende humblement que M. Solmes ne foit *un homme* & *un homme d'honneur.* Gardez-vous par confequent de le pouffer trop. Il eft auffi touché de pitié pour vous, que d'amour. Il repéte fans ceffe qu'il vous convaincra de fon amour par des actions, puisqu'il ne lui est pas permis de l'exprimer par des paroles ; & toute sa confiance pour l'avenir est dans votre générosité. Nous supposons en effet qu'il peut s'y fier. Nous l'exhortons à le croire, & cela soutient son courage ; de sorte, que c'est à votre pere & à vos oncles qu'il faut vous prendre de sa confiance. Vous sentez bien que ce doit être encore une marque de votre obéissance.

Vous devez sentir qu'en me disant, comme vous faites, qu'il y auroit de l'injustice à recevoir les articles qui vous sont offerts, votre reflexion tombe sur votre pere & sur nous. Il y a, dans votre Lettre, quantité d'autres endroits qui ne méritent pas moins de censure ; mais nous les attribuons à ce que vous nommez *l'amertume* de votre cœur. Je suis bien aise que vous nous ayez fourni ce mot, parce que nous aurions été embarrassés à trouver un autre nom, & qu'on pourroit en employer de moins favorables.

Je n'ai pas cessé de vous aimer tendrement, Miss ; & quoique ma Niéce, je vous regarde comme une des plus charmantes filles que j'aie jamais vûes. Mais sur ma conscience, je vous

crois

crois obligée d'obéïr à votre pere & à votre mere, & d'avoir de la complaifance pour votre oncle Jules & pour moi. Vous favez fort bien, que nous n'avons que votre avantage à cœur, pourvu qu'il s'accorde, à la vérité, avec l'avantage & l'honneur de toute la famille. Que faudroit-il penfer de celui d'entre-nous qui ne chercheroit pas le bien commun, & qui voudroit armer une partie contre le tout? Dieu nous en préferve ! Vous voiez que je fuis pour tout le monde. Que m'en reviendra-t'il, de quelque maniére que les chofes puiffent tourner ? Ai-je béfoin de richeffes ? Mon frére Jules ne peut-il pas dire de même ? Et puis, ma Niéce Clary, fongez à ce qui vous en arriveroit.

Si vous pouviez feulement aimer M. Solmes ! Mais vous ne favez pas, vous dis-je, de quoi vous étes capable. Vous vous encouragez dans votre dégoût. Vous permettez à votre cœur *de fe réfufer....* je vous affure, que je ne l'aurois jamais crû auffi avancé qu'il eft. Faites un effort fur lui, ma Niéce, & répouf-fez le auffi vite qu'il recule. C'eft-ce que nous faifons, nous autres, à l'égard de nos Matelots & de nos Soldats, dans nos combats de mer ; fans quoi, nous ne vaincrions jamais. Nous ſommes tous certains que vous remporterez la victoire; pourquoi ? Parce que vous le devez. Voilà ce que nous penſons, de quelque maniére que vous en penſiez vous-même. Et de qui vous imaginez-vous que les penſées doivent avoir la préférence ? Il ſe peut que vous ayiez plus d'eſprit que nous ; mais ſi vous êtes plus ſage, il eſt donc bien inutile que nous ayions vécu trente ou quarante ans plus que vous.

Cette lettre eſt auſſi longue que la votre. Peut-être n'eſt-elle pas écrite ſi vivement, ni dans un ſtile auſſi poli que celui de ma Niéce ; mais je ſuis perſuadé que la force des argumens eſt de mon côté, & vous m'obligerez extrémement, ſi vous me faites connoître par votre ſoumiſſion à tous nos déſirs que vous en êtes perſuadée auſſi. Si vous n'en faites rien, vous ne devez pas compter de trouver en moi un Avocat, ni même un Ami, quelque chere que vous me ſoyiez; car ce ſera même un ſujet de chagrin pour moi, d'avoir la qualité de

Votre Oncle,

Antonin Harlove.

Mardi, à deux heures après minuit.

P. S. Vous ne devez plus m'écrire, que pour m'apprendre votre soumission. Mais je m'imagine que cette défense est inutile, car je suis sûr que mes argumens sont sans réplique. Je sai qu'ils le sont. Aussi ai-je écrit nuit & jour depuis Dimanche au matin, à l'exception des heures de l'Eglise & autres tems pareils. Mais cette Lettre, je vous le dis, est la derniére de la part de A. H.

LETTRE XXXII.

Miss CLARISSE HARLOVE, à Miss HOWE.

Mardi 16 de Mars.

A Près avoir trouvé si peu de faveur auprès de ma famille, j'ai pris une résolution qui vous surprendra. Ce n'est rien moins que d'écrire à M. Solmes même. Ma Lettre est partie, & je viens de recevoir la réponse. Il faut qu'on l'ait aidé, car j'ai vû un autre de ses Ecrits, dont le stile étoit assez pauvre & l'ortographe misérable. Pour

E ij

l'adreſſe, je la crois de lui ; & vous le reconnoîtrez à cette marque. Je mets ſous mon enveloppe une Lettre que j'ai reçue de mon frére, à l'occaſion de celle que j'ai écrite à M. Solmes. Je m'étois figurée qu'il n'étoit pas impoſſible de faire perdre à cet homme là ſes vaines eſpérances, & que cette voïe étoit la plus ſure. Elle méritoit du moins d'être téntée. Mais vous verrez que rien ne me réuſſit. Mon frere a trop bien pris ſes méſures.

A Monſieur SOLMES.

Mercredi 15 de Mars.

MONSIEUR,

VOus ſerez ſurpris de recevoir une Lettre de moi, & le ſujet ne vous paroîtra pas moins extraordinaire. Mais, je me crois juſtifiée par la néceſſité de ma ſituation, ſans avoir béſoin d'autre apologie.

Lorſque vous avez commencé à vous lier avec la famille de mon pere, vous avez trouvé la perſonne qui vous écrit, dans une condition fort heureuſe ; cherie des parens les plus tendres & les plus indulgens, favorifée de l'affection de fes Oncles, honorée de l'eftime de tout le monde.

Que la fcene eft changée! Il vous a plu de jetter fur moi un œil de faveur. Vous vous êtes adreffé à mes amis. Vos propofitions ont été approuvées d'eux; approuvées fans ma participation, comme fi mon goût & mon bonheur devoient être comptés pour rien. Ceux qui ont droit d'attendre de moi tous les devoirs d'une obéiffance raifonnable, ont infifté fur une foumiffion fans referve. Je n'ai pas eu le bonheur de penfer comme eux, & c'eft la premiére fois que mes fentimens ont été différens des leurs. Je les ai fuppliés de me traiter avec un peu d'indulgence, dans un point fi important pour le bonheur de ma vie; mais helas! fans fuccès. Alors je me fuis crue obligée, par l'honéteté naturelle, de vous expliquer ce que je penfe, & de vous déclarer même que mes affections font engagées. Cependant je vois, avec autant de chagrin que d'étonnement, que vous avez perfifté dans vos vûes, & que vous y perfiftez encore!

L'effet en eft fi trifte pour moi, que je ne puis trouver de plaifir à vous le repréfenter. Le libre accès que vous avez

dans toute ma famille ne vous en a que
trop informé ; trop pour l'honneur de
votre propre générosité , & pour ma réputation. Je suis traitée par rapport à
vous , comme je ne l'avois jamais été ,
comme on ne m'a jamais crue digne de
l'être ; & l'on fait dépendre ma grace
d'une condition dure , impossible , qui
est de préférer, à tous les autres hommes,
un homme à qui mon cœur refuse cette
préférence.

Dans la douleur d'une infortune , que
je ne dois attribuer qu'à vous & à votre
cruelle persevérance , je vous écris,
Monsieur, pour vous redemander la paix
de l'esprit que vous m'avez dérobée ;
pour vous demander l'affection de tant de
chers amis dont vous m'avez privée ; &,
si vous avez ce fond de générosité qui
doit distinguer un galant homme , pour
vous conjurer de finir une recherche qui
expose à tant de disgraces une personne
que vous faites profession d'estimer.

Si vous avez un peu de considération
pour moi , comme mes amis veulent me
le persuader , & comme vous le déclarez vous-même , n'est-ce pas à vous seul
qu'elle se rapporte ? & peut-elle être de
quelque mérite aux yeux de celle qui en
est le malheureux objet , lorsqu'elle pro-

duit des effets si pernicieux pour son repos ? Vous devez même sentir que vous vous trompez sur ce point; car un homme prudent peut-il vouloir épouser une femme qui n'a point un cœur à lui donner, une femme qui ne sauroit l'estimer, & qui ne peut faire par conséquent qu'une fort mauvaise femme ? Quelle cruauté n'y auroit-il pas à rendre mauvaise, une femme qui feroit toute sa gloire d'être bonne ?

Si je suis capable de quelque discernement, nos caractères & nos inclinations se ressemblent fort peu. Vous serez moins heureux avec moi qu'avec toute autre personne de mon sexe. Le traitement que j'essuie, & l'opiniâtreté, puisqu'on lui donne ce nom, avec laquelle j'y resiste, doivent suffire pour vous en convaincre ; quand je n'aurois pas une aussi bonne raison à donner, que l'impossibilité de recevoir un mari que je ne puis estimer.

Ainsi, Monsieur, si vous ne vous sentez pas assez de générosité pour sacrifier quelque chose en ma faveur, souffrez que pour l'amour de vous même & de votre propre bonheur, je vous demande la grace de renoncer à moi & de placer vos affections dans quelque sujet qui les mérite mieux. Pourquoi voudriez-vous me rendre misérable sans en être plus heureux? Vous pouvez dire à ma famille que n'aiant aucun espoir, si vous avez la complaisance d'employer ce terme, de faire impression sur mon esprit (réellement, M. il n'y a point de vérité qui soit plus certaine), vous êtes résolu de ne plus penser à moi, & de tourner vos vûes d'un autre côté. En vous rendant à ma priére, vous acquererez des droits sur ma reconnoissance, qui m'obligeront d'être toute ma vie,

Votre très-humble servante,

CL. HARLOVE.

A Miss CLARISSE HARLOVE, de la part de son très-humble Esclave.

TRES-CHERE MISS,

VOtre Lettre à produit sur moi un effet tout contraire à celui que vous paroissez en attendre. En me faisant l'honneur de m'apprendre votre disposition, elle m'a convaincu plus que jamais de l'excellence de votre caractère. Donnez à ma recherche le nom d'intérêt propre où tout autre nom, je suis resolu d'y perſiſter ; & je m'eſtimerai heureux, ſi à force de patience, de perſevérance & de reſpect ferme & inalterable, je puis ſurmonter enfin les difficultés.

Comme vos bons Parens, vos Oncles & vos autres Amis, m'ont donné parole que vous n'aurez jamais M. Lovelace, s'ils peuvent l'empécher, & que je ſuppoſe qu'il n'y en a point d'autre dans mon chemin, j'attendrai patiement la fin de cette affaire. Je vous en demande pardon, Miſs, mais vouloir que je renonce à la poſſeſſion d'un tréſor ineſtimable pour rendre un autre heureux, & pour lui faciliter les moïens de me ſupplanter, c'eſt comme ſi quelqu'un venoit me prier d'être aſſez généreux pour lui donner toutes mes richeſſes, parce qu'elles feroient néceſſaires à ſon bonheur.

Je vous demande pardon encore une fois, chere Miſs, mais je ſuis reſolu de perſevérer ; quoique je ſois bien fâché que vous en aÿiez quelque choſe à ſouffrir, comme vous me faites l'honneur de me le dire. Avant le bonheur de vous voir, je n'avois pas encore vû de femme que j'euſſe pû aimer ; & tandis qu'il me reſtera de l'eſpérance, & que vous ne ferez point à quelque homme plus heureux, je dois être & ſerai votre fidéle &

obéïssant admirateur,

ROGER SOLMES.

M. JAMES HARLOVE, à Miss CLARISSE.

LA belle imagination ! d'écrire à M.
Solmes pour lui persuader de renoncer à ses prétentions sur vous. De
toutes les jolies idées romanesques qui
vous sont passées par la tête, c'est assurément une des plus extraordinaires.
Mais pour ne rien dire de ce qui nous à
tous remplis d'indignation contre vous,
(j'entens l'aveu que vous faites de votre
prévention en faveur d'un infâme, &
votre impertinence sur mon compte &
sur celui de vos Oncles, dont l'un, mon
enfant, vous à poussé une botte assez vive) comment pouvez-vous attribuer à M.
Solmes le traitement qui vous arrache
des plaintes si améres ? Vous savez fort
bien, petite folle que vous êtes, que c'est
votre passion pour Lovelace qui vous
attire toutes vos peines, & qu'il n'auroit
pas fallu vous y attendre moins, quand
M. Solmes ne vous auroit pas fait l'honneur de penser à vous.

Comme vous ne pouvez nier cette vérité, considérez, jolie petite causeuse,

(si votre cœur malade vous permet de considérer quelque chose) quelle belle apparence vos plaintes & vos accusations ont à nos yeux. De quel droit, s'il vous plait, demandez-vous à M. Solmes le rétablissement de ce que vous nommez votre ancien bonheur (bonheur de nom ; car si vous aviez cette idée de notre amitié, vous souhaiteriez qu'elle vous fut rendue) lorsque ce rétablissement dépend de vous? Ainsi, Miss l'éveillée, retranchez les figures pathétiques, si vous n'avez pas l'habileté de les placer mieux. Prenez pour principe, que soit que vous aiez M. Solmes ou non, vous n'aurez jamais les délices de votre cœur, ce vil libertin de Lovelace, si votre Pere & votre mere, vos oncles & moi nous pouvons l'empêcher. Non, Ange tombé, vous ne nous donnerez point un fils, un neveu, & un frere de cette espéce, en vous donnant à vous-même un si infame débauché pour mari. Ainsi faites taire là-dessus votre cœur, & n'y tournez plus vos pensées, si vous vous proposez d'obtenir jamais le pardon & les bonnes graces de votre famille, sur tout, de celui qui ne cesse point encore de se dire,

Votre frere, JAMES HARLOVE.
E vi

P. S. Je connois la ruse de vos Lettres. Si vous m'envoiez une réponse à celle-ci, je vous la renverrai sans l'ouvrir, parceque je ne veux point disputer sur des points si clairs. Une fois pour toutes, j'ai voulu vous redresser sur M. Solmes, que je crois fort blamable de penser à vous.

LETTRE XXXIV.

Monsieur LOVELACE, à M. BELFORD.

Vendredi 17 de Mars.

JE reçois, mes Enfans, avec beaucoup de plaisir les joieuses assurances de votre fidélité & de votre amitié. Que nos principaux amis & les plus dignes de notre confiance, ceux que j'ai nommés dans ma derniére lettre, soient informés de mes sentimens.

Pour toi, Belford, je voudrois te voir ici le plûtôt qu'il te sera possible. Il me semble que je n'aurai pas sitôt bésoin des autres; ce qui n'empêche pas qu'ils ne puissent venir chez Milord M.., où je dois me rendre aussi; non pour les recevoir, mais pour assurer ce vieil

Oncle, qu'il n'y a point de nouveau malheur en campagne qui puisse demander son entremise.

Mon intention est de t'avoir ici constamment auprès de moi. Il n'est pas question de ma sureté. La famille s'en tient aux mauvais propos. Elle aboie de loin. Mais je pense à mon amusement. Tu m'entretiendras des Auteurs Grecs, Latins & Anglois, pour garantir de léthargie un esprit malade d'amour.

Je suis d'avis que tu viennes dans ton vieil uniforme; ton valet sans livrée, & sur un pied de familiarité honête avec toi. Tu le feras passer pour un Parent éloigné, à qui tu cherches à procurer de l'emploi par ton crédit *là haut*; à la Cour j'entens, quoique tu t'imagines bien que je ne parle point du Ciel. Tu me trouveras dans un petit cabaret à biére, qui n'en porte pas moins ici le titre d'auberge, à l'enseigne du *Cerf blanc*, dans un mauvais Village à cinq milles du Château d'Harlove. Ce Château est connu de tout le monde; car, il est sorti du fumier, comme Versailles, depuis un tems qui n'est pas immémorial. Tu ne rencontreras pas de pauvres qui ne le connoissent encore mieux; mais seulement depuis peu d'années,

qu'on a vû paroître un certain Ange
parmi les enfans des hommes.

Mes Hôtes font des gens pauvres,
mais honnêtes. Ils fe font mis dans la
tête, que je fuis un homme de qualité
qui a quelque raifon de fe déguifer; &
leurs refpects n'ont pas de bornes. Toute
leur famille confifte dans une vive &
jolie petite créature, qui a fes dix fept
ans depuis fix jours. Je l'appelle mon
Bouton de Rofe. Sa grande-mere (car elle
n'a pas de mere) eft une bonne vieille
femme, auffi agréable qu'on en ait jamais
vû remplir un fauteuil de paille dans le
coin d'une cheminée, & qui m'a prié fort
humblement d'être pitoiable pour fa petite fille. C'eft le moien d'obtenir quelque
chofe de moi. Combien de jolies petites
créatures me font paffées par les mains,
aufquelles j'aurois fait fcrupule de penfer,
fi l'on eût reconnu mon pouvoir, & commencé par implorer ma clémence. Mais
le *Debellare fuperbos* feroit ma dévife, fi
j'en avois une nouvelle à choifir.

Cette pauvre petite eft d'une fimplicité qui te plaira beaucoup. Tout eft
humble, officieux, innocent dans fon
air & dans fes maniéres. J'aime en elle
ces trois qualités, & je la garde pour
ton amufement, tandis que je ferai à

combattre le mauvais tems, en faisant ma
ronde autour des murs & des enclos du
Château d'Harlove. Tu auras le plaisir
de voir à découvert, dans son ame,
tout ce que les femmes du haut rang
apprennent à cacher ; pour se rendre
moins naturelles, & par conséquent
moins aimables.

Mais je te charge (& tu n'y manque-
ras pas, si tu sens combien il te conviendroit peu d entreprendre ce que je renonce à faire moi même) je te charge,
dis-je, de respecter mon Bouton de Rose.
C'est la seule fleur odoriférante qui se
soit épanouie depuis dix ans aux envi-
rons de ma demeure ; ou qui puisse s'y
épanouir d'ici à dix ans. Ma servitude
m'a laissé le tems de prendre de bons
mémoir s sur le passé & sur l'avenir.

Je ne me souviens pas d'avoir jamais
été si honête, epuis le tems de mon ini-
tiation. Il m'importe de l être. On peut
découvrir tot ou tard le lieu de ma retraite, & l'on s'imaginera que c est mon
Bouton de Rose qui m'y attache. Un
témoignage favorable de la part de ces
bonnes gens, suffit pour établir ma réputation. On peut prendre le serment de
la vieille, & celui du pere, qui est un
honête Païsan dont toute la joie consiste

dans fa fille. Belford ! je te le repéte, épargne mon Bouton de Rofe. Obferve, avec elle, une régle que je n'ai jamais violée fans qu'il m'en ait coûté de longs regrets : c'eft de ne pas ruiner une pauvre fille, qui n'a d'autre fupport que fa fimplicité & fon innocence. Ainfi point d'attaques, point de rufes; pas méme d'agaceries. La gorge d'un Agneau fans défiance ne fe detourne pas pour éviter le couteau. Belford ! garde toi d'être le boucher de mon Agneau.

Une autre raifon me porte à t'en preffer beaucoup. Ce jeune cœur eft touché d'amour. Il reffent une paffion dont le nom lui eft encore inconnu. Je l'ai furprife, un jour, qui fuivoit d s yeux un jeune apprenti charpentier, fils d'une veuve qui demeure de l'autre côté de la rue. C'eft un affez joli païfan, qui peut avoir trois ans plus qu'elle. Les jeux de l'enfance ont commencé apparemment cette liaifon, fan qu'ils s'en foient peut-être apperçus jufqu'à l'âge où la nature ouvre la fource du fentiment; car je n'ai pas été longtems à remarquer que leur affection eft reciproque. Voici mes preuves: le foin de fe tenir droit, & une révérence qui ne manque jamais, à l'inftant que le garçon apperçoit fa jolie maîtref-

fe; la curiofité de fe tourner fouvent, à me-
fure qu’il marche, pour faluer des yeux
ceux de la belle, qui paroiffent le fuivre;
& lors qu’il tourne un coin de rue, qui
va le priver de la voir, la moitié de
fon corps qui s’avance, en fe courbant,
pour ôter fon chapeau & la faluer encore
une fois. J’étois un jour derriére elle,
fans qu’elle m’eût apperçû. Elle lui ré-
pondit par une profonde reverence, &
par un foupir, que Jean étoit trop loin
pour entendre. Heureux coquin! dis-
je en moi - même. Je me retirai, &
mon Bouton de Rofe fe hâta de rentrer ;
comme fi ce fpectacle muet eu fuffi pour
la rendre contente, & qu’elle n’eût rien
défiré de plus.

J’ai examiné fon petit cœur. Elle
m’a fait fon confident. Jean Barton lui
plairoit affez, m’a-t’elle avoué ; &
Jean Barton lui a dit, qu’il l’aimeroit plus
que toutes les autres filles du Village.
Mais hélas! il n’y faut pas penfer. Et
pourquoi ? lui ai je demandé. Elle ne
fait pas, m’a-t’elle repondu, avec un
foupir ; mais Jean eft neveu d’une tante
qui lui a promis cent guinées, pour
s’établir à la fin de fon apprentiffage : &
fon pere, à elle, ne peut donner que fort
peu de chofe. Et quoique la mere de

Jean dît qu’elle ne fait pas où fon fils
pourroit trouver une fille plus jolie &
de meilleure famille, cependant, a-t’elle
ajoûté avec un autre foupir, les difcours
ne fervent de rien ; je ne voudrois pas
que Jean fût pauvre & malheureux pour
l’amour de moi. Quel avantage m’en
reviendroit-il, Monfieur? Vous le favez.

Que ne donnerois-je pas, Belford,
(car, Dieu me damne, je crois que
mon Ange me réformera, fi l’implacable folie de fes parens ne nous perd
pas tous deux) que ne donnerois-je pas,
te dis-je, pour avoir un cœur de la même
bonté & de la même innocence, que celui
de Jean ou de mon Bouton de Rofe ?

Je fais que le mien eft un miférable
cœur, qui n’eft païtri que de mechanceté.
Et je m’imagine même que je l’ai recu tel
de la nature. Quelquefois à la vérité, il
s’y éleve un bon mouvement, mais qui
expire aufli-tôt. Ses délices font le goût
de l’intrigue, les noires inventions, la
gloire de triompher, le plaifir de voir
fes défirs fecondés par la fortune; & une
force de temperamment! Que fert de
le déguifer ? Je n’aurois été qu’un vau-
rien quand je ferois né pour la charruë.

Cependant, je trouve quelque fatif-
faction à penfer que la reformation ne

m'eft pas impoffible. Mais alors, mon ami, il faudroit voir un peu meilleure compagnie ; car il eft certain que nous ne fervons entre-nous qu'à nous endurcir dans le vice. Ne t'allarme pas, mon enfant. Tu auras du tems de refte, toi & tes camarades, pour choifir un autre chef ; & je me figure, que tu feras l'homme qui leur convient.

En même tems, comme c'eft ma régle, lorfque j'ai commis une action noire, de faire quelque bien par voie d'expiation, & que je me crois là-deffus fort en arriére ; je fuis dans le deffein, avant que de quitter ce canton, (j'entens de le quitter avec fuccès ; fans quoi, fuivant une autre regle, je ferai du mal au double, par voie de vangeance) de joindre aux cent guinées de Jean, cent autres guinées, pour faire le bonheur de deux cœurs innocens. Anfi, je te le repête une fois & cent fois, refpecte mon Bouton de Rofe.

Je fuis interrompu. Mais je te promets une feconde Lettre avant la fin du jour, & les deux partiront enfemble.

LETTRE XXXV.

M. LOVELACE, à M. BELFORD.

AVec le secours de mon fidele espion, je suis aussi bien informé de la plupart des démarches de ma charmante, que de celles du reste de la famille. C'est un plaisir délicieux pour moi de me représenter ce coquin, caressé par les oncles & le neveu, & initié dans tous leurs secrets, tandis qu'il ne suit avec eux que *ma ligne de direction*. Je lui ai recommandé, sous peine de perdre la pension que je lui fais chaque semaine, & ma protection, que je lui ai promise pour l'avenir, de se conduire avec tant de discretion que ni ma charmante, ni personne de la famille, ne puisse le soupçonner. Je lui ai dit, qu'il pouvoit avoir les yeux sur elle, lorsqu'elle sort ou qu'elle entre, mais seulement, pour écarter les autres domestiques du chemin qu'elle prend ; & qu'il devoit éviter sa vûe lui-même. Il a dit au Frere, que cette chere Créature avoit tenté de l'engager par un présent (qu'elle ne lui a jamais offert), à se charger d'une Lettre pour Miss Howe (qui ne fut jamais écrite), avec une incluse (qui pouvoit être pour moi) ; mais qu'il s'étoit excusé d'accepter de telles commissions , & qu'il demandoit en grace qu'elle ne sût jamais qu'il l'eût trahie. Cette fausse confidence lui a valu un misérable schellin & de grands applaudissemens. Elle a été suivie d'un ordre à tous les domestiques de redoubler leur vigilance , dans la crainte que ma Déesse ne trouve quelqu'autre voie pour faire passer ses Lettres. Une heure après, on a chargé mon Agent de se présenter sur son passage, & de lui témoigner qu'il se repent de son réfus, dans l'espérance qu'elle lui remettra ses Lettres. Il rapportera qu'elle a refusé de les lui confier.

Ne vois-tu pas à combien de bonnes fins cet artifice peut conduire ? Premiément, il assure à ma Belle , sans qu'elle le sache elle-même , la liberté qu'on lui laisse de se promener au jardin ; car voilà tous ses parens convaincus , que depuis qu'ils lui ont enlevé sa servante, il ne lui reste aucun moien de faire sortir ses Lettres. Ainsi sa correspondance , avec Miss Howe comme avec moi , est parfaitement à couvert.

En second lieu , il me donnera peut-

être le moien de me procurer une entrevûe fecrete avec elle; & j'y penfe fortement, de quelque maniére qu'elle puiffe
le prendre. J'ai découvert, par mon
efpion, qui peut tenir tous les autres
domeftiques à l'écart, que chaque jour,
matin & foir, elle fait la vifite d'une vo-
liére, affez éloignée du Château, fous
prétexte de veiller à la nourriture de
quelques oifeaux qui lui viennent de fon
grand-pere. J'ai de bons mémoires fur
les moindres mouvemens qu'elle y fait;
& comme elle m'a confeffé elle-même,
dans une de fes lettres, qu'elle entretient
un commerce ignoré avec Mifs Howe,
je préfume que c'eft par cette voie.

L'entrevûe que je médite me fera obtenir, ou je fuis trompé, fon confentement pour d'autres faveurs de la même
nature. Si ce lieu ne lui plaifoit pas, je
fuis en état de m'introduire, lorfqu'elle
me l'aura permis, dans une forte de ver-
ger à la maniére de Hollande, qui regne
le long du mur. Mon efpion, l'honête
Jofeph Leman, m'a fourni le moïen de
me procurer deux clés, dont quelques
bonnes raifons m'ont porté à lui laiffer
l'une, qui ouvre une porte du jardin,
du côté d'une vieille allée où la tradition
du païs eft *qu'il revient des Efprits*, parce

qu'un homme s'y pendit, il y a plus de vingt ans. Il eſt vrai, que cette porte eſt aſſurée par un verrouil du côté du jardin ; mais dans l'occaſion Joſeph levera l'obſtacle.

Il a fallu lui promettre, ſur mon honneur, qu'il n'arrivera de ma part aucun malheur à ſes Maîtres. Le coquin m'aſſure qu'il les aime ; mais que me connoiſſant pour un homme d'honneur, dont il ſait que l'alliance ne peut être qu'avantageuſe pour la famille, comme tout le monde le reconnoîtra, dit-il, lorſque les préjugés ſeront détruits, il ne fait pas difficulté de me rendre ſervice; ſans quoi, pour le monde entier, il ne voudroit pas charger ſa conſcience d'un tel rôle. Il n'y a point de fripon, qui ne trouve le moïen de ſe juſtifier par quelque endroit, à ſon propre tribunal ; & je conviens que ſi quelque choſe eſt glorieux pour l'honêteté, c'eſt de voir que les plus ſcélérats y prétendent, dans le tems même qu'ils ſe livrent à des actions qui doivent les faire paſſer pour tels aux yeux de tout le monde & à leurs propres yeux.

Mais que faut-il penſer d'une ſtupide famille, qui me jette dans la néceſſité d'avoir recours à cette multiplication de machines ? Mon amour & ma vengeance

prennent le deſſus tour à tour. Si la premiére de ces deux paſſions n'a pas le ſuccès que j'eſpére, ma conſolation ſera de
ſatisfaire la ſeconde. Ils la ſentiront ; j'en
jure partout ce qu'il y a de ſacré ; fallût-
il renoncer à ma patrie pour le reſte de
mes jours.

Je me jetterai aux pieds de ma Divinité ; deſſein que j'ai déja formé deux
fois ſans ſuccès. Je connoîtrai alors quel
fond j'ai à faire ſur ſes ſentimens. Si je
n'étois arrêté par cette eſpérance, je ſerois tenté de l'enlever. Un ſi beau rapt
eſt digne de Jupiter même !

Mais je ne veux mettre que de la douceur dans tous mes mouvemens. Mon
reſpect ira juſqu'à l'adoration. Sa main
connoîtra ſeule tout le feu de mon cœur,
par l'impreſſion de mes lévres ; de mes
lévres tremblantes, car je ſuis ſur qu'elles trembleront, quand je ne ſerois pas
réſolu de le feindre. Mes ſoupirs ſeront
auſſi doux que ceux de mon tendre
Bouton de Roſe. Je l'inviterai à la confiance par mon humilité. Je ne tirerai
aucun avantage de la ſolitude du lieu.
Tous mes ſoins ſeront rapportés à dif-
ſiper ſes craintes, à lui perſuader qu'elle
peut ſe repoſer à l'avenir ſur ma tendreſſe
& ſur mon honneur. Mes plaintes ſeront

légeres,

légeres , & je ne m'emporterai pas à la moindre ménace contre ceux qui ne ceſſent point de m'en faire. Mais , Belford ! tu te figures bien que c'eſt pour imiter le Lyon de Dryden , c'eſt-à-dire , " pour » m'aſſurer ma proie , & lâcher enſuite » la bride à ma vangeance, ſur d'indignes » chaſſeurs , qui ont l'audace de s'atta- » quer à moi. *

LETTRE XXXVI.

Miſs Clarisse Harlove , à Miſs Howe.

Samedi au ſoir , 18 de Mars.

J'Ai penſé mourir de fraieur. J'en ſuis encore hors d'haleine. Voici l'occaſion. J'étois deſcendue , au jardin , ſous mes prétextes ordinaires , dans l'eſpérance de trouver quelque choſe de vous au dépôt. Le chagrin de n'y rien appercevoir m'alloit faire ſortir du bucher , lorſque j'ai entendu remuer quelque choſe derriére les buches. Jugez de ma ſurpriſe. Mais elle eſt devenue bien plus vive , à la vûe d'un homme qui s'eſt montré tout d'un coup à moi. Hélas ! me ſuis-je dit auſſi-tôt , voila le fruit d'une correſpondance illicite !

* Quátre vers de Dryden.

Tome I. Part. II. F

Au moment que je l'ai apperçu, il m'a conjuré de n'être point effraiée ; & s'approchant plus vîte que je n'ai pû le fuir, il a ouvert un grand manteau, qui m'a laiſſé reconnoître, qui ? Quel autre que Monſieur Lovelace ? Il m'auroit été impoſſible de crier, & quand j'ai découvert que c'étoit un homme, & quand j'ai reconnu qui c'étoit : la voix m'avoit abandonnée ; & ſi je n'avois ſaiſi une poutre, qui ſoutient le vieux toit, je ſerois tombée ſans connoiſſance.

Juſqu'à préſent, comme vous ſavez, je l'avois tenu dans un juſte éloignement. Mais, en reprenant mes eſprits, jugez qu'elle doit avoir été ma premiére émotion lorſque je me ſuis rappellé ſon caractére, ſur le témoignage de toute ma famille ; ſon eſprit entreprenant ; & que je me ſuis vûe ſeule avec lui, dans un lieu ſi proche d'un chemin détourné & ſi éloigné du Château.

Cependant ſes maniéres reſpectueuſes ont bientôt diſſipé cette crainte ; mais pour faire place à une autre : celle d'êttre apperçue avec lui & de voir bientôt mon frere informé d'une ſi étrange avanture. Les conſequences naturelles, s'il n'y en avoit pas d'autres à re-

C. Eisen inv.
D. lafosse Sc.

redouter , s'offroient en foule à mon imagination ; une priſon plus étroite , la ceſ-
ſation abſolue de notre correſpondance ,
& un prétexte aſſez vraiſemblable pour
les plus violentes contraintes. D'un côté
comme de l'autre , rien aſſurément ne
pouvoit juſtifier M. Lovelace d'une entrepriſe ſi hardie.

Auſſi-tôt donc que j'ai été capable de
parler, je lui ai fait connoître avec la plus
vive chaleur combien je me tenois offen-
ſée ; je lui ai reproché qu'il lui importoit
peu de m'expoſer au reſſentiment de tous
mes amis , pourvû que ſon impétueuſe
humeur fût ſatisfaite , & je lui ai com-
mandé de ſe retirer ſur le champ. Je me
retirois moi-même avec précipitation ,
lorſqu'il s'eſt jetté à genoux devant moi ,
en me conjurant , les mains jointes , de
lui accorder un ſeul moment. Il m'a déclaré qu'il ne s'étoit rendu coupable de
cette témérité , que pour en éviter une
beaucoup plus grande ; en un mot , qu'il
ne pouvoit ſupporter plus longtems les
inſultes continuelles qu'il recevoit de ma
famille , & le chagrin de penſer qu'il
avoit fait ſi peu de progrés dans mon eſtime , que le fruit de ſa patience ne pouvoit être que de me perdre pour toujours
& de ſe voir plus inſulté que jamais par

ceux qui triompheroient de sa perte.

Il a, comme vous savez, les genoux fort souples, & la langue fort agile. Vous m'avez dit que c'est une de ses ruses, d'offenser souvent dans des choses légeres, pour exercer son adresse à se justifier. Ce qu'il y a de certain, c'est que le mouvement qu'il a fait pour me retenir & cette premiere partie de son apologie, ont été plus prompts que je ne puis vous le représenter.

Il a continué avec la même ardeur: ses craintes étoient, qu'un naturel aussi doux, aussi obligeant qu'il prétend que le mien l'est pour tout le monde, excepté pour lui, & mes principes d'obéissance, qui me portent à rendre ce que je crois dévoir aux autres indépendamment de ce qu'ils me doivent, ne fussent comme les instrumens qu'on emploieroit en faveur d'un homme, suscité, en partie, pour se vanger sur moi de la distinction avec laquelle j'ai été traitée par mon grand-pere, en partie pour se vanger sur lui de la vie qu'il avoit accordée à une personne qui auroit pris infailliblement la sienne, & qui cherchoit présentement à lui ôter des espérances qui lui étoient beaucoup plus cheres que la vie.

Je lui ai répondu qu'il pouvoit s'assurer, que la rigueur qu'on emploioit avec
moi ne produiroit rien moins que l'effet
qu'on s'en etoit promis; que malgré la
sincérité avec laquelle je pouvois dire
que mon inclination avoit toujours été
pour le celibat, & lui déclarer particuliérement que si mes Parens me dispen-
soient d'épouser l'homme qui me déplai-
soit, ce ne seroit pas pour en prendre un
qui leut déplût......

Il m'a interrompue ici, en me deman-
dant pardon de sa hardiesse, mais pour
me dire qu'il ne pouvoit retenir les marques de son desespoir, lorsqu'après tant
de preuves de sa respectueuse passion, il
m'entendoit......

J'ai droit, Monsieur, lui ai-je dit,
de vous interrompre à mon tour. Pourquoi ne faites vous pas valoir encore plus
clairement l'obligation que cette passion si vantée m'impose? Pourquoi ne
me déclarez-vous pas, en termes plus
ouverts, qu'une persevérance que je n'ai
pas désirée & qui me met aux mains avec
toute ma famille, est un mérite qui me
rend coupable d'ingratitude, lorsque je
n'y répons pas comme vous semblez le
désirer?

Je devois pardonner, à t'il repris, si

lui , qui ne prétendoit qu'à un mérite de comparaison , parce qu'il étoit persuadé qu'il n'y avoit point d'homme au monde qui fût digne de moi , il avoit eu la présomption d'espérer un peu de plus part à ma faveur qu'il n'en avoit obtenue , lorsqu'on lui avoit donné pour concurrens des *Symmes* & des *Wyerleys* , & en dernier lieu un reptile aussi méprisable que ce Solmes. A l'égard de sa persevérance , il reconnoissoit que ce n'étoit pas un sentiment libre ; mais je devois convenir aussi, que quand il n'auroit jamais eu d'amour pour moi , les offres de Solmes étoient telles , que je me serois trouvée engagée dans les mêmes difficultés de la part de ma famille : il prenoit par consequent la liberté de me dire , que loin de les augmenter en marquant un peu de bonté pour lui , c'étoit le moien le plus propre à me les faire surmonter. Mes parens avoient conduit les choses au point, qu'il m'étoit impossible de les obliger sans faire le sacrifice de moi-même à Solmes. Ils connoissoient dailleurs la différence qu'ils devoient mettre entre Solmes & lui ; l'un , ils se flattoient de le conduire à leur gré ; l'autre étoit capable de me défendre contre toutes sortes d'insultes , & comptoit entre ses espé-

rances naturelles celle d'un titre fort fu-
périeur aux folles vûes de mon frere.

Comment cet homme-là, ma chere, eft-
il fi bien inftruit de toutes nos miféres domeftiques? Mais je fuis bien plus furprife
qu'il ait pû connoître le lieu où il m'a
trouvée , & le moyen de m'y rencontrer.

Mon inquiétude me faifoit trouver les
momens fort longs, d'autant plus que la
nuit s'approchoit. Cependant il n'a pas
été poffible de me délivrer de lui , fans
en avoir entendu bien davantage :

Comme il efpéroit de fe voir quelque
jour le plus heureux de tous les hommes,
il m'affuroit qu'il avoit tant d'égard pour
ma réputation , que loin de me propofer des demarches qui puffent m'être
réprochées , il ne les condamnoit pas
moins que moi , quelque favorables
qu'elles puffent être pour lui. Mais
puifqu'on ne me permettoit point de
choifir le célibat , il me laiffoit à confidérer fi j'avois plus d'une voie pour éviter la violence qu'on vouloit faire à mes
inclinations. N'avois-je pas un pere jaloux de fon autorité , & des oncles qui
penfoient comme lui? Le retour de M.
Morden étoit encore éloigné ; mon oncle & ma tante Hervey avoient peu de
poids dans la famille ; mon frere & ma

fœur ne ceffoient pas d'attifer le feu ; les offres continuelles de Solmes étoient un autre aiguillon ; & la mere de Mifs Howe fe rangeoit de leur parti plutôt que du mien, par le feul motif de donner un exemple à fa fille.

Enfuite il m'a démandé fi je confenti-rois à recevoir, là-deffus, une lettre de fa tante Lawrance ; car fa tante Sadleir, m'a-t'il dit, aiant perdu depuis peu fa fille unique, fe mêle peu des affaires du monde, ou n'y penfe que pour fouhaiter de le voir marié; & avec moi plutôt qu'avec aucune autre femme.

Véritablement, ma chere, il y a bien des chofes raifonnables dans tout ce qu'il m'a dit. Je crois pouvoir faire cette remarque fans qu'il foit queftion de battemens de cœur. Cependant je lui ai repon-du que malgré la confidération extréme que j'ai pour les Dames de fa famille, particuliérement pour fes deux tantes, je n'étois pas difpofée à recevoir des lettres, qui euffent rapport à une fin que je n'avois aucune intention de favori-fer ; que dans la trifte fituation où je me trouvois, le devoir m'obligeoit de tout efpérer, de tout fouffrir & de tout tenter : que mon pere, me voiant ferme, & refolue de mourir plutôt que

d'épouſer M. Solmes , ſe relacheroit
peut-être. . . . .

Il m'a interrompue , pour me repréſenter que ce changement eſt peu vraiſemblable , après diverſes démarches de
ma famille , qu'il a pris ſoin de me remettre ſous les yeux ; telles que la pré-
caution qu'ils ont eue d'engager Madame Howe dans leurs intérêts , comme
une perſonne qui pouvoit m'accorder un
azile ſi j'étois pouſſée au déſeſpoir ; l'empreſſement de mon frere à ſouffler continuellement aux oreilles de mon pere ,
que ſi l'on attend le retour de M. Morden , à qui je pourai demander l'exécution du Teſtament , il ſera trop tard pour
me retenir dans la dépendance ; le parti
qu'ils ont pris de me renfermer ; celui
de m'ôter ma ſervante & de mettre auprès de moi celle de ma ſœur ; l'adreſſe
avec laquelle ils ont fait renoncer ma
mere à ſon propre jugement , pour entrer dans toutes leurs vûes ; autant de
preuves , m'a-t'il dit, que rien n'eſt capable d'altérer leurs réſolutions , autant de
ſujets d'une mortelle inquiétude pour lui.
Il m'a demandé ſi j'avois jamais vû abandonner, à mon pere, un parti auquel il ſe
fût une fois attaché , ſur-tout lorſqu'il y
croioit ſon autorité ou ſes droits intéreſ-

fés. La familiarité, dit-il, dans laquelle il a vêcu quelque tems avec ma famille, l'a rendu temoin de plusieurs traits d'empire arbitraire, dont on trouveroit peu d'exemples dans les maisons mêmes des Princes; & ma mere, la plus excellente de toutes les femmes, en a fait une triste expérience.

Il alloit se livrer, je m'imagine, à d'autres reflexions de cette nature; mais je lui ai témoigné que je m'en tenois offensée, & que je ne permettrois jamais qu'il les fit tomber sur mon pere. J'ai ajoûté que les rigueurs les moins méritées ne pouvoient me dispenser de ce que je dois à l'autorité paternelle.

Je ne devois pas le soupçonner, m'a-t'il répondu, de prendre plaisir à me rappeller ces idées; parceque tout autorisé qu'il étoit, par les traitemens qu'il recevoit de ma famille, à ne pas beaucoup la ménager, il savoit que les moindres libertés de cette nature n'étoient propres qu'à me déplaire. D'un autre côté néanmoins il étoit obligé d'avouer qu'étant jeune, avec des passions assez vives, & s'étant toujours picqué de dire librement ce qu'il pensoit, il n'avoit pas peu de peine à se faire une violence qu'il reconnoissoit juste. Mais sa considération

pour moi lui faifoit réduire fes obfervations à des faits clairs & avoués , & je ne
pouvois m'offenfer qu'il tirât, du moins ,
une conféquence qui fuivoit naturellement de ce qu'il avoit dit; c'étoit que mon
pere exerçant fes droits avec tant de hauteur fur une femme qui ne lui avoit jamais
rien difputé , il n'y avoit aucune apparence qu'il fe relachât , pour une fille ,
d'une autorité dont il étoit encore plus
jaloux , & dont l'idée fe trouvoit for-
tifiée par des intérêts de famille , par une
averfion très-vive , quoi qu'injuftement
conçue , & par les reffentimens de mon
frere & de ma fœur; fur-tout lorfque mon
banniffement m'ôtoit le moien de plaider
ma caufe & de faire valoir la juftice & la
vérité pour ma défenfe.

Quel malheur , ma chere ! qu'il y ait
tant de vérité dans ces obfervations , &
dans la confequence ! Il l'a tirée d'ail-
lemens avec plus de fang froid & de mé-
nagement pour ma famille , que je crai-
gnois de n'en pouvoir attendre d'un homme fi injurié , à qui tout le monde attribue des paffions indomptables !

Ne me prefferez-vous point fur les battemens de cœur , & fur la chaleur qui
m'a pû monter au vifage , fi de tels exemples de l'afcendant qu'il eft capable de

prendre fur fon naturel me difpofent à conclure , qu'en fuppofant quelque poffibilité de reconciliation entre ma famille & lui , il n'y auroit point à défefpérer qu'il ne pût être ramené au bien par les voies de la douceur & de la raifon ?

Il m'a repréfenté que la violence qu'on fait à ma liberté eft connue de tout le monde ; que mon frere & ma fœur ne font pas fcrupule de parler de moi comme d'un enfant comblé de faveurs , qui eft dans un état actuel de rebellion; que tous ceux néanmoins qui me connoiffent ne balancent point à juftifier mon averfion, pour un homme qui leur paroît convenir mieux à ma fœur qu'à moi ; que tout malheureux qu'il eft de n'avoir pû faire plus d'impreffion fur mon cœur , tout le monde me donne à lui : que fa naiffance, fa fortune & fes efpérances ne pouvant être attaquées , fes ennemis mêmes ne faifoient qu'une objection contre lui ; & que graces au Ciel & à mon exemple , il fe promettoit de la détruire pour jamais, puifqu'il avoit commencé à reconnoître fes erreurs & à s'en laffer de bonne foi , quoiqu'elles fuffent beaucoup moins énormes que la malignité & l'envie ne les repréfentoient : mais que c'étoit un article fur lequel il s'arretoit d'autant

moins, qu'il valoit mieux faire parler
ses actions que ses promesses. Ensuite,
prenant cette occasion pour me faire un
compliment, il m'a protesté qu'aiant
toujours aimé la vertu, quoiqu'il n'en
ait pas fidélement observé les régles, les
qualités de mon ame formoient sa plus
forte chaîne ; & qu'il pouvoit dire avec
vérité qu'avant que de m'avoir connue ,
il n'avoit jamais rien trouvé qui eût été
capable de lui faire surmonter une malheureuse espéce de préjugé qu'il avoit
contre le mariage ; ce qui l'avoit endur-
ci jusqu'àlors contre les désirs & les instances de tous ses proches.

Vous voiez , ma chere , qu'il ne fait
pas de difficulté de parler de lui-même
comme ses ennemis. Je conviens que
cette franchise , sur un point qui n'est
pas fort à son honneur , donne de la
vraisemblance à ses autres protestations.
Il me semble , que je ne serois pas aisément trompée par l'hipocrisie , sur tout
dans un homme qui passe pour s'être accordé de grandes libertés, s'il s'attribuoit
tout d'un coup des lumiéres & des con-
victions extraordinaires ; dans un âge
encore , où ces miracles ne sont pas fré-
quens. Les habitudes , je m'imagine , ne
doivent pas être si faciles à déraciner.

Vous avez toujours remarqué avec moi qu'il dit librement ce qu'il pense; quelquefois même, jusqu'à ne pas ménager assez la politesse : & le traitement qu'il reçoit de ma famille est une assez bonne preuve qu'il n'est pas capable de faire servilement sa cour par un motif d'intérêt. Quelle pitié, que dans un caractére où l'on reconnoit des traces si louables, les bonnes qualités soient ternies & comme étouffées par le vice! On nous a dit, qu'il a la tête meilleure que le cœur. Mais croiez-vous réellement que M. Lovelace puisse avoir le cœur fort mauvais? Pourquoi le sang n'agiroit-il pas dans les hommes, comme dans les animaux moins nobles? Toute sa famille est irreprochable ; excepté lui , à la vérité. On ne parle des Dames qu'avec admiration. Mais je crains de m'attirer le reproche que je veux éviter. Cependant, ce feroit pousser aussi la censure trop loin, que de reprocher à une femme la justice qu'elle rend à un homme particulier, & le jugement qu'elle porte à son avantage, lorsqu'on lui permettroit sans difficulté de rendre la même justice à tout autre homme.

Il est revenu à me presser de recevoir une lettre de sa tante Lawrance, & d'accepter l'offre de leur protection. Il a re-

marqué, que les personnes de qualité sont
un peu trop sur la reserve, comme on le reproche aussi aux personnes de vertu, (ce
qui n'étoit pas fort surprenant, parce que la
qualité, soutenue dignement, est la vertu,
& que reciproquement la vertu est la véritable qualité; que leurs motifs pour garder une réserve décente sont les mêmes,
& qu'elles ont toutes deux une même
origine : où a-t'il pris toutes ces idées,
ma chere ?) sans quoi, sa tante se seroit déja déterminée à m'écrire : mais
qu'elle souhaitoit d'aprendre, si ses offres seroient bien reçues, d'autant plus
que suivant les apparences, elles ne seroient point approuvées d'une partie de
ma famille : & que dans tout autre cas
que celui d'une injuste persécution, qui
pouvoit encore augmenter, elle se gar-
deroit bien de me les faire.

Je lui ai répondu, que toute la reconnoissance que je devois à cette Dame, si
l'offre venoit d'elle, ne m'empêchoit pas
de voir où cette démarche pouvoit me
conduire. J'aurois craint de me donner
peut-être un air de vanité, si je lui avois
dit que ses instances, dans cette occasion,
sentoient un peu l'artifice, & l'envie de
m'engager dans des mésures dont il ne me
seroit pas aisé de revenir. Mais j'ai ajoûté

que la splendeur même du titre roial étoit
peu capable de me toucher ; que dans
mes idées, la vertu seule étoit la grandeur ;
que l'excellent caractére des Dames de sa
famille faisoit plus d'impression sur moi
que la qualité de sœurs de Milord M...
& de filles d'un Pair : que pour lui, quand
mes parens auroient approuvé sa recherche , il ne m'auroit jamais trouvé de disposition à recevoir ses soins s'il n'avoit
eu que le mérite de ses tantes à faire valoir ; puisqu'alors les mêmes raisons qui
me les faisoient admirer , n'auroient été
qu'autant d'objections contre lui. Je l'ai
assuré , que ce n'étoit pas sans un extrême
chagrin que je m'étois vûe engagée dans
un commerce de lettres avec lui , surtout
depuis que cette correspondance m'avoit
été défendue : que le seul fruit agréable
que je pensasse à tirer d'une entrevûe que
je n'avois ni prévûe ni désirée , étoit de
lui faire connoître que je me croiois dé-
sormais obligée de les supprimer ; & que
j'espérois qu'à l'avenir, il n'auroit pas recours à des ménaces contre ma famille ,
pour me mettre dans la nécessité de lui
répondre.

Le jour étoit encore assez clair , pour
me faire appercevoir qu'il a pris un air
fort grave après cette déclaration. Il at-

tâchoit tant de prix, m'a-t'il dit, à un choix libre, & laiſſant les voies de la violence à Solmes, il avoit tant de mépris pour cette indigne méthode, qu'il ſe haïroit lui-même, s'il étoit capable de penſer jamais à m'engager par la fraieur. Cependant il y avoit deux choſes à conſidérer. Premiérement, les outrages qu'il recevoit continuellement, les eſpions qu'on entretenoit auprès de lui, & dont il avoit découvert un, les indignités qu'on étendoit juſqu'à ſa famille, & celles qu'on ne me faiſoit eſſuier que *par rapport à lui*, comme on le déclaroit ouvertement, ſans quoi il reconnoiſſoit qu'il lui conviendroit mal de s'en reſſentir pour moi ſans ma permiſſion (le ruſé perſonnage a fort bien vû qu'il prétoit ici le flanc, s'il ne ſe couvroit par cette circonſtance) ; toutes ces conſidérations lui faiſoient une loi indiſpenſable de marquer ſon juſte reſſentiment. Il me demandoit à moi-même s'il étoit raiſonnable qu'un homme d'honneur digerât tant d'inſultes, à moins qu'il ne fût retenu par un motif tel que celui de me plaire ? En ſecond lieu, il me prioit de conſidérer ſi la ſituation où j'étois (priſoniere, forcée par toute ma famille de recevoir un mari indigne de moi ; & cela au premier jour, ſoit que

j'y confentiſſe ou non) admettoit quelque délai dans les méſures qu'il me pro-
poſoit de prendre , & qu'il ne me pro-
poſoit que pour la derniére extrémi-
té. D'ailleurs l'offre de ſa tante ne m'en-
gageoit à rien ; je pouvois accepter cette protection , ſans me jetter dans la
néceſſité d'être à lui , ſi je trouvois dans
la ſuite quelque ſujet de reproche contre
ſa conduite.

Je lui ai répondu, que c'étoit s'abuſer, &
que je ne pouvois m'abandonner à la protection de ſes amis , ſans donner lieu de
conclure que j'avois d'autres vûes.

Et croiez-vous, à-t'il repris, que le public
donne à préſent une autre explication à
la violence qui vous tient renfermée ?
Vous devez conſidérer , Mademoiſelle ,
qu'il ne vous eſt plus libre de choiſir ,
& que vous êtes au pouvoir de ceux ,
(pourquoi leur donnerai-je le nom de parens ?) qui ſont déterminés à vous faire
exécuter leur volonté. Ce que je vous
propoſe eſt de recevoir l'offre de ma tante , & de n'en faire uſage qu'après avoir
tout emploié pour en éviter la néceſſité.
Permettez-moi d'ajoûter , que ſi vous
prenez ce moment pour rompre une cor-
reſpondance ſur laquelle tout mon eſpoir
eſt fondé , & ſi vous êtes réſolue de ne

pas pourvoir au pire de tous les maux, il est évident que vous y succomberez. Le pire ! j'entens pour moi seul, car il ne sauroit l'être pour vous. Alors (portant au front son poing fermé) comment pourrai-je soûtenir seulement cette supposition ? Alors il sera donc vrai que vous serez à Solmes ! Mais, par tout ce qu'il y a de sacré, ni lui, ni votre frére, ni vos oncles, ne jouiront pas de leur triomphe. Que je sois confondu s'ils en jouissent !

La violence de son emportement m'a effraiée. Je me retirois dans mon juste ressentiment ; mais se jettant encore une fois à mes pieds, au nom du ciel, ne me quittez pas. Ne me laissez point dans le désespoir où je suis! ce n'est pas le repentir de mon serment qui me fait tomber à vos pieds ; je le renouvelle au contraire, dans cette horrible supposition. Mais ne pensez pas que ce soit une ménace, pour vous faire pancher de mon côté par des craintes. Si votre cœur, a-t'il continué en se levant, vous porte à suivre la volonté de votre pere, ou plutôt de votre frere, & à me préférer Solmes, je me vangerai assurément de ceux qui insultent & moi & les miens ; mais j'arracherai ensuite mon cœur de mes propres

mains ; ne fût-ce que pour le punir de
son idolâtrie, pour une femme capable de
cette préference.

Je lui ai dit, que je commencois à
m'offenser beaucoup de ce langage ; mais
qu'il pouvoit s'assurer que jamais je ne
ferois à M. Solmes; sans se croire en droit
néanmoins de rien conclure en sa faveur,
parce que j'avois fait la même déclaration à ma famille, dans la supposition
même qu'il n'éxistat point d'autre homme au monde.

Voulois-je du moins lui continuer l'honneur de ma correspondance ? Après l'espoir qu'il avoit eu de faire un peu plus
de progrés dans mon estime, il ne pourroit jamais supporter la perte de l'unique
faveur qu'il eût obtenue.

Je lui ai dit, que s'il contenoit ses
ressentimens à l'égard de ma famille, je
voulois bien, pour quelque tems dumoins, & jusqu'à la fin de mes disgraces
présentes, continuer une correspondance
que mon cœur ne laissoit pas de se reprocher... comme le sien lui reprochoit.
(à repris l'impatiente créature en m'interrompant) de supporter tout ce qu'il
avoit à souffrir ; lorsqu'il considéroit que
cette nécessité lui étoit imposée, non

par moi , pour qui les plus cruels tour-
mens lui feroient chers , mais par des....
Il a eu la modération de ne point a-
chever.

Je lui ai déclaré nettement , qu'il ne
devoit s'en prendre qu'à lui-même , dont
le caractère étoit si mal établi du côté
des mœurs , qu'il n'avoit donné que trop
d'avantage à fes adverfaires. Il n'y a pas
beaucoup d'injuftice , lui ai-je dit , à
parler mal d'un homme qui ne fait lui-
même aucun cas de fa reputation.

Il m'a offert de fe juftifier ; mais je lui
ai répondu que je voulois juger de lui
par fa propre régle ; c'eft-à-dire , par fes
actions , fans lefquelles il y a peu de
confiance à prendre aux paroles.

Si fes ennemis, à-t'il repris , étoient
moins puiffans & moins déterminés , ou
s'ils n'avoient pas déja fait connoître
leurs intentions par de cruelles violences,
il auroit offert volontiers de fe foumettre à fix mois , à une année d'épreuve.
Mais il étoit fur que toutes leurs vûes feroient remplies ou avortées dans l'efpace
d'un mois ; & je favois mieux que perfonne, s'il falloit efpérer quelque changement du côté de mon pere : il ne le
connoiffoit pas, fi j'avois cette efpérance.

Je lui ai dit , qu'avant que de chercher d'autres protections , je voulois tenter tous les moiens que mon respect & le credit qui pouvoit me rester encore auprès de quelque personnes de la famille seroient capables de m'inspirer ; & que si rien ne tournoit heureusement, je prendrois un parti dont je croyois le succès certain , qui seroit de leur résigner la terre qui m'avoit attiré tant d'envie.

Il se soumettoit , m'a-t'il dit , au défir que j'avois de faire l'essai de cette méthode. Il étoit fort éloigné de me proposer d'autres protections, avant que je fusse absolument forcée d'en chercher. Mais , très-chere Clarisse, m'a-t'il dit , en se saisissant de ma main, & la portant fort ardemment à ses levres ; si la cession de votre terre peut finir vos peines , ne tardez point à la résigner, & soiez à moi, Je confirmerai de toute mon ame votre résignation. Cette idée , ma chere , n'est pas sans générosité. Mais lorsqu'il n'est question que de belles paroles, de quoi les hommes ne font ils pas capables pour obtenir la confiance d'une femme ?

J'avois fait quantité d'efforts pour reprendre le chemin du Château ; & la nuit étant fort proche , mes craintes ne faisoient qu'augmenter. Je ne saurois dire qu'elles vinssent de sa conduite.

Au contraire, il m'a donné meilleure opinion que je n'avois de lui, par le res-pect dont il ne s'est pas écarté un mo-ment pendant cette conférence. S'il s'est emporté avec violence, sur la seule supposition que Solmes pût - être préféré, cette chaleur est excusable dans un homme qui se prétend fort amoureux ; quoiqu'elle ait été assez peu mésurée pour m'obliger de m'en ressentir.

En partant ; il s'est recommandé à ma faveur avec les plus pressantes instances, mais avec autant de soumission que d'ar-deur; sans parler d'autres graces, quoiqu'il m'ait laissé entrevoir ses désirs pour une autre entrevûe, à laquelle je lui ai dé-fendu de penser jamais dans le même lieu. Je vous avouerai, ma chere, à vous, pour qui je me reprocherois d'avoir la moindre reserve, que ses argumens, ti-rés de mes disgraces présentes par rap-port à l'avenir, commencent à me faire craindre de me trouver dans la nécessité d'être à l'un ou à l'autre de ces deux hommes ; & si cette alternative étoit ine-vitable, je m'imagine que vous ne me blameriez pas de vous dire, lequel des deux doit être préféré ; vous m'avez dit vous-méme quel est celui qui ne doit pas l'être. Mais en vérité, ma chere, ma véritable préférence eſt pour l'état de fille ; & je n'ai pas encore perdu toute eſpérance d'obtenir l'heureuſe liberté de faire ce choix.

Je ſuis revenue à ma chambre, ſans avoir été obſervée. Cpendant la crainte de l'être, m'a cauſé tant d'agitation, que je m'en ſentois beaucoup plus en commençant ma lettre, qu'il ne m'a donné ſujet d'en avoir ; à l'exception néanmoins du premier moment où je l'ai apperçu, car mes eſprits ont été prêts alors à m'abandonner : & c'eſt un bonheur extrême que dans un lieu tel que celui ou il m'a ſurpriſe, dans le mouvement d'une ſi vive fraieur, & ſeule avec lui, je ne ſois pas tombée ſans connoiſſance.

Je ne dois pas oublier que lui aiant fait un reproche de la conduite qu'il a tenue Dimanche dernier à l'Egliſe, il m'a proteſté qu'on ne m'avoit pas repréſenté fidélement cette ſcene ; qu'il ne s'étoit pas attendu à m'y voir, mais qu'il avoit eſpéré que trouvant l'occaſion de parler civilement à mon pere, il obtiendroit la permiſſion de l'accompagner juſqu'au Château ; que le Docteur Lewin lui avoit perſuadé de ne ſe préſenter, dans cette occaſion, à perſonne de la famille, en lui faiſant obſerver le

trouble

trouble où fa préfence avoit jetté tout le monde. Son intention , m'a-t'il affuré, n'étoit pas d'y porter de l'orgueil ou de la hauteur ; & fi quelqu'un lui en attri‑bue , ce ne peut être , dit-il , que par un effet de cette mauvaife volonté qu'il a le chagrin de trouver invincible : & lorf‑qu'il falua ma mere , c'étoit une civilité qu'il prétendoit faire à toutes les perfon‑nes qui étoient dans le banc , comme à elle , qu'il fait profeffion de refpecter fincérement.

Si l'on peut s'en fier à lui (& dans le fond j'ai peine à me perfuader que cher‑chant à me plaire , il fût venu dans le deffein de braver toute ma famille) voilà, ma chere, un exemple de la force de la haine , qui peint tout fous de fauffes couleurs. Cependant, à moins que Chorey n'ait voulu faire officieufement fa cour à fes Maîtres , pourquoi m'auroit-elle fait un recit à fon défavantage ? - Il en ap‑pelle au Docteur Lewin pour fa jufti‑fication : mais hélas ! je fuis privé du plaifir de voir cet honête homme , & tous ceux de qui je pourrois recevoir un bon confeil dans ma trifte fituation. Après tout , ma chere , je m'imagine qu'il y auroit peu de coupables au monde, fi tous ceux qu'on accufe ou qu'on foup‑

çonne, avoient la liberté de raconter leur histoire & devoient être crûs sur leur propre témoignage.

Vous ne vous plaindrez pas que cette lettre soit trop courte. Mais il seroit impossible, autrement, d'être aussi exacte que vous le désirez sur tous les détails d'une conversation. Vous aurez la bonté, ma chere, de vous souvenir que la datte de votre derniére est le 9.

CL. HARLOVE.

LETTRE XXXVII.

Miss Howe, à Miss Clarisse Harlove.

Dimanche 19 de Mars.

JE vous demande pardon, ma très-chere amie, de vous avoir donné sujet de me rappeller la datte de ma derniére lettre. Je voulois rassembler sous mes yeux autant de mémoires qu'il est possible, sur les opérations de vos sages parens ; dans l'idée que vous ne seriez pas longtems sans vous rendre, d'un côté ou de l'autre, & que j'aurois alors quelque dégré de certitude sur lequel je

puſſe fonder mes obſervations. Au fond ,
que puis-je vous écrire, dont je n'aie déja
fait le ſujet de pluſieurs lettres ? Vous
ſavez que tout ce que je puis faire eſt de
m'emporter contre vos ſtupides perſecu-
teurs , & ce ſtile n'eſt pas de votre goût.
Je vous ai conſeillé de reprendre votre
terre : vous rejettez cet avis. Vous ne
pouvez ſoûtenir la penſée d'être à Solmes ; & Lovelace a réſolu que vous ſerez
à lui , quelque obſtacle qu'on s'efforce d'y
apporter. Je ſuis perſuadée que vous ne
ſauriez éviter d'être à l'un ou à l'autre.
Voions qu'elles feront leurs premiéres
démarches. A l'égard de Lovelace , lorſqu'il raconte ſa propre hiſtoire ; qui
oſeroit dire qu'après s'être conduit avec
tant de modeſtie dans le Bucher , & n'a-
voir porté que de ſi bonnes intentions à
l'Egliſe , il y ait le moindre reproche à
lui faire ? Mechantes gens ! de ſe liguer
contre l'innocence même ! Mais atten-
dons , comme j'ai dit , leurs premiéres
démarches , & le parti pour lequel vous
vous déterminerez. Mes reflexions alors
feront méſurées à mes lumiéres.

A l'égard du changement de votre
ſtile , dans vos lettres à vos oncles , à
votre frere & à votre ſœur; puiſqu'ils ont
pris tant de plaiſir à vous attribuer de la

prévention pour Lovelace, & que tous vos défaveux n'ont servi qu'à fortifier les argumens qu'ils en ont tirés contre vous, je trouve que vous avez fort bien fait de les abandonner à leur soupçons, & d'essaier ce que vous pourrez tirer d'eux par cette voie. Mais si.... mais si.... de grace, ma chere, un peu d'indulgence. Vous avez cru vous devoir à vous-même une apologie pour votre changement de stile ; & jusqu'à ce que vous m'aiez parlé nettement, comme une amie à sa véritable amie, il faut que je vous tourmente un peu. Voions ; car je ne puis retenir ma plume.

Si vous n'avez pas eu d'autre raison pour ce changement de stile, que celle qu'il vous à plû de me donner ; prenez la peine d'examiner, comme je me souviens de vous y avoir exhortée, ce qu'il faut penser de cette raison. Pourquoi votre amie souffriroit-elle que vous fussiez volée sans le savoir ?

Lorsqu'une personne se sent attaquée d'un rhume, son premier soin est de chercher comment elle a pû le gagner ; & lorsqu'elle croit s'en être rendu bon compte, elle prend son parti, qui est, ou de lui laisser son cours, ou d'emploier quelques remédes pour s'en délivrer, s'il est fort incommode. De même, ma

chere, avant que la maladie, dont vous
êtes ou dont vous n'êtes pas attaquée,
devienne si importune qu'elle vous
oblige au regime, permettez que je
cherche avec vous d'où elle peut venir. Je suis persuadée, aussi certainement que je suis sure d'écrire, que
d'un côté, la conduite indiscrete de
vos parens, & de l'autre, l'adresse insi-
nuante de Lovelace, du moins, si cet
homme n'est pas un plus grand fou que
tout le monde ne le pense, améneront les
choses à ce point & feront son ouvrage
pour lui ?

Mais passons. Si ce doit être Lovelace ou Solmes, le choix n'admet aucune discussion. Cependant, en supposant de la vérité dans tout ce qu'on raconte, je préférerois tout autre de vos
amans à l'un & à l'autre, quelque indignes qu'ils soient aussi de vous. Qui
peut être digne, en effet, de Miss Clarisse Harlove ?

Je souhaite que vous ne m'accusiez
pas de toucher trop souvent la même
corde. Je me croirois inexcusable, (d'autant plus que ce point me semble hors
de doute, & que s'il étoit question de
preuves, j'en pourrois tirer de vingt endroits de vos lettres) inexcusable dis-je,
si vous vouliez avoüer ingenuement...

Avouer quoi ? m'allez-vous dire. Je me flatte, ma chere Anne Howe, que vous ne m'attribuez pas déja de l'amour.

Non, non. Comment votre Anne Howe pourroit-elle former cette pensée ? *L'amour, ce mot si court à prononcer, porte une signification bien étendue !* Quel nom lui donnerons nous ? Vous m'avez fourni un terme dont le sens est plus resserré, mais qui ne laisse pas de signifier aussi quelque chose : *une sorte de goût conditionel !* Le voilà, ma chere ? O tendre amie ! Ne sais-je pas combien vous méprisez la pruderie, & que vous êtes trop jeune, trop aimable, pour être une prude ?

Mais écartons ces noms durs ; & souffrez, ma chere, que je vous repéte ce que je vous ai déja dit : c'est que je me croirai en droit de me plaindre extrémement de vous, si vous vous efforcez, dans vos lettres, de me déguiser quelque secret de votre cœur.

J'ajoûte que si vous m'expliquiez nettement quel dégré Lovelace tient ou ne tient pas dans votre affection, je serois plus en état que je ne le suis, de vous donner un bon conseil. Vous qui vous êtes fait une si grande réputation de *préscience,* si je puis employer ce terme,

& qui la méritez effectivement plus qu'aucune personne de votre âge , vous avez raisonné sans doute avec vous-même , sur son caractère , & sur la supposition que vous deviez un jour être à lui. Vous avez fait de même pour Solmes ; & delà est venue sans doute, votre aversion pour l'un , comme votre goût conditionel pour l'autre. Voulez-vous m'apprendre , ma chere , ce que vous avez pensé de ses bonnes & de ses mauvaises qualités ; quelle impression les unes & les autres ont faite sur vous ? Alors, les mettant dans la balance , nous verrons quel côté pourra vraisemblablement l'emporter , ou plutôt quel côté l'emporte en effet. Il ne faut rien moins que la connoissance des plus intimes replis de votre cœur pour satisfaire mon amitié. Surement vous n'étes point effraïée de vous confier à vous-même un secret de cette nature. Si vous l'étes , vous n'en avez que plus de raison de douter de moi. Mais j'ose dire , que vous n'avouerez ni l'un ni l'autre ; & je veux bien m'imaginer qu'il n'y a point de fondement pour aucun de ces deux aveux.

Aiez la bonté , ma chere , de faire une observation ; c'est que si je me suis quelquefois donnée des airs de raillerie ,

qui vous ont fait jetter serieusement les
yeux autour de vous, dans le cas sur tout
où vous pouviez attendre de votre meilleure amie un tour de réflexions plus
serieux, ce n'a jamais été à l'occasion des
endroits de vos lettres où vous vous êtes
expliquée avec assez d'ouverture, (ne
vous allarmez pas, ma chere) pour ne
laisser aucun doute de vos sentimens;
mais seulement lorsque vous avez affecté de la réserve, lorsque vous avez emploié des tours nouveaux pour exprimer
des choses communes, lorsque vous avez
parlé de *curiosité*, de *goût conditionel*, &
que vous avez cherché à vous couvrir
sous des termes qui auroient été à l'é-
preuve de toute autre pénétration que la
mienne; autant d'actes de trahison, contre *l'amitié supreme* que nous nous sommes vouée mutuellement.

Souvenez-vous que vous m'avez trouvée
un moment en défaut. Vous fites valoir
alors vos droits. Je vous confessai aussitôt,
que je n'avois plus que mon orgueil pour
défense contre l'amour; car il est vrai,
comme je vous le dis alors, que je ne
pouvois soûtenir l'idée qu'il fût au pouvoir d'aucun homme de me causer un seul
moment d'inquiétude. D'ailleurs, l'homme que j'avois à combattre étoit bien

éloigné de valoir le vôtre ; ainſi, je pouvois m'en prendre autant à mon imprudence qu'à l'aſcendant qu'il avoit ſur moi. Bien plus (& vous vous en ferez s'il vous plaît l'application) vous me fîtes dabord la guerre ſur mes *curiofités* : & lorſque j'en fus au *goût conditionel* , vous vous ſouvenez de ce qui arriva ; le cœur ceſſa de me battre pour lui.

Finiſſons. Mais à propos de ce que j'ai dit avec vérité , que mon amant n'étoit point un homme charmant comme le vôtre , nous ſommes quatre , Miſs Bidulph , Miſs Loyd , Miſs Campion & moi, qui vous demandons votre opinion ſur une difficulté d'importance ; favoir , juſqu'à quel point la figure à droit de nous engager. Ce cas au reſte n'eſt point étranger à votre ſituation: *remarquez bien cela ;* pour employer le ſtile de votre oncle Antonin. Nous demandons auſſi s'il faut même compter la figure pour quelque choſe, dans un homme qui en tire vanité; puiſque fuivant une de vos obſervations, cette vanité donne un juſte ſujet de douter du mérite intérieur. Vous, le modéle de notre ſexe , à qui la beauté & les graces ont été prodiguées , la vanité eſt un vice dont vous êtes auſſi exempte que de tous les autres ; & vous en avez toujours été

plus autorifée à foûtenir,qu'il eft inexcufable jufques dans une femme

Il faut vous apprendre que ce fujet a
été vivement agité dans une de nos der-
niéres converfations. Mifs Loyd m'a prié
de vous écrire, pour vous demander
votre fentiment, auquel vous favez que
nous avons toujours déferé dans nos pé-
tites difputes. J'efpére que trouvant quelquefois le tems de refpirer fous le poids
de vos peines, vous aurez affez de liberté
d'efprit pour repondre à notre attente.
Perfonne ne repand plus de lumiéres &
de graces que vous, fur tous les fujets que
vous traitez. Expliquez-nous auffi comment il fe fait que Lovelace, qui paroît
apporter tant de foins à parer fa figure,
quoi qu'elle ait fi peu béfoin d'ornemens,
trouve le moien de ne paffer aux yeux
de perfonne pour un fat. Que ces queftions, ma chere, fervent à vous amu-
fer; du moins, fi la feconde peut vous
être propofée fans vous déplaire. Un
feul fujet, de quelque importance qu'il
puiffe être, ne fuffiroit pas pour occu-
per un efprit de l'étendue du vôtre. Mais
s'il étoit vrai au fond, que l'un & l'autre
vous déplût, mettez ma prière au nombre de tant d'impertinences que vous m'a-
vez pardonnées, & dites fans crainte,

cette fille est folle ; pourvû que vous
ajoûtiez, je l'aime néanmoins, & c'est
ma fidéle

ANNE HOWE.

LETTRE XXXVIII.

Miss CLARISSE HARLOVE, à Miss HOWE.

Lundy 20 de Mars.

VOtre derniére lettre m'a touchée si
sensiblement, que j'écarte des soins
assez considérables, pour me livrer à
l'impatience que j'ai d'y repondre. Je
veux m'expliquer nettement, sans détour;
en un mot, avec l'ouverture de cœur
qui convient à notre amitié mutuelle.

Mais souffrez que j'observe d'abord,
& que j'observe avec reconnoissance,
que si je vous ai donné, dans vingt endroits de mes lettres, des preuves si peu
équivoques de mon estime pour M. Lovelace que vous aiez crû devoir m'épargner en faveur de leur clarté, c'est en
avoir usé avec une générosité digne de
vous.

Croiez-vous qu'il y ait au monde un

homme si méchant, qu'il ne donne pas occasion, à ceux mêmes qui doutent de son caractère, d'être plus satisfaits de lui dans un tems que dans un autre ? & lorsqu'il la donne en effet, n'est-il pas juste qu'en parlant de lui, les expressions soient mesurée à sa conduite ? Je crois devoir à un homme, qui me rend des soins, autant de justice que s'il ne m'en rendoit pas. Il me semble qu'il y a si peu de générosité, un air si tiranique, à prendre droit de son respect pour le maltraiter, du moins lorsqu'il n'en donne pas d'autre sujet, que je ne voudrois pas être celle qui se permet cette sorte de rigueur. Mais quoique je ne pense qu'à me contenir dans les bornes de la justice, il est peut-être difficile d'empêcher que ceux qui connoissent les vûes de cet homme, ne me trouvent un air de partialité en sa faveur ; sur tout, si c'est une femme qui fait cette observation, & qu'aiant été autrefois prise elle même, elle veuille se faire un triomphe de voir son amie aussi foible qu'elle. Les ames nobles, qui aspirent à la même perfection, (& je ne regarde pas l'amour comme une imperfection non plus, lorsque l'objet en est digne) méritent à mon avis qu'on leur passe un peu de cette généreuse espéce d'envie.

Si l'esprit de vangeance a quelque
part à cette reflexion, c'est une vangeance, ma chere, qu'il faut entendre dans
le sens le plus doux que ce mot puisse
recevoir. J'aime votre badinage, comme
je vous l'ai dit plusieurs fois. Quoique
dans l'occasion il puisse causer un peu de
peine, une ame ingénue qui vient ensuite à sentir qu'il entre moins de fiel
que d'amitié dans le reproche, tourne
tous ses sentimens à la reconnoissance.
Savez-vous à quoi la chose se reduit ? Je
serai sensible à la peine, dans cette lettre peut-être ; mais je vous ferai dans la
suivante, des remercimens qui ne cesse-
ront jamais.

Cette explication, ma chere, en sera
une aussi pour toutes les petites sensibi-
lités que j'ai pû vous laisser voir dans
d'autres lettres, & dont il peut arriver
que je ne me défende pas mieux à l'avenir. Vous me rappellez souvent, par un
excellent exemple, que je ne dois pas
souhaiter d'être épargnée.

Je ne me souviens pas de vous avoir rien
écrit sur l'homme en question, qui n'ait
été à son défavantage plutôt qu'à sa louange. Mais si vous en jugez autrement, je ne
vous donnerai pas la peine d'en chercher
des preuves dans mes Lettres. Les appa-

rences du moins doivent avoir été contre
moi , & mon étude fera de les rectifier.
Ce que je puis vous affurer avec beaucoup de vérité , c'eft que quelque fens
que mes termes aïent pû vous préfenter,
mon intention n'a jamais été d'ufer avec
vous de la moindre referve. Je vous ai écrit
avec l'ouverture de cœur qui convenoit
à l'occafion. Si j'avois penfé au dégui-
fement , ou fi j'avois eu quelque raifon
de m'y croire obligée , peut-être aurois-
je évité de donner lieu à vos remarques
fur la *curiofité* que j'ai eue de favoir ce
que la famille de M. Lovelace penfe de
moi , fur mon *goût conditionel* , & fur
d'autres points de cette nature. Je vous
ai dit de bonne foi , dans le tems , quelles étoient mes vûes par rapport au premier , & je m'en rapporte volontiers aux
termes de ma lettre. A l'égard du fecond,
je ne cherchois qu'à me rendre telle qu'il
convient à une perfonne de mon fexe &
de mon caractère, dans une malheureufe
fituation où elle eft accufée d'un amour
contraire au devoir , & où l'objet qu'on
fuppofe à fa paffion eft un homme de
mauvaifes mœurs. Vous approuvez ,
j'en fuis fure , le défir que j'avois de par-
roître ce que je devois être ; quand je
n'aurois pas eu d'autres vûe que de mé-

riter la continuation de votre eſtime.

Mais, pour me juſtifier ſur la réſerve.... O, ma chere, il faut que je quitte ici la plume.

LETTRE XXXIX.

Miſs CLARISSE *HARLOVE*, *à Miſs* HOWE.

Lundi 20 *de Mars.*

CEtte lettre vous apprendra, ma chere, les raiſons qui m'ont fait interrompre ſi bruſquement ma réponſe à la votre d'hier, & qui m'empécheront peut-être de la finir & de vous l'envoïer plutôt que demain ou le jour ſuivant ; d'autant plus que j'ai beaucoup à dire ſur les ſujets que vous m'avez propoſés. Aujourd'hui, je vous dois le recit d'un nouvel effort que mes amis ont tenté ſur moi, par le miniſtère de la bonne Madame Norton.

Il paroît qu'ils l'avoient fait avertir, dès hier, de ſe trouver ici ce matin, pour recevoir leurs inſtructions, & pour employer l'aſcendant qu'ils lui connoiſſent ſur mon eſprit. Je m'imagine qu'ils s'en promettoient du moins un effet convenable

à leurs vûes; c'étoit de me rendre inexcufable à fes propres yeux, & de lui
faire voir qu'il n'y avoit point de fondement aux plaintes qu'elle à voulu faire
plufieurs fois à ma mere, de la rigueur
avec laquelle je fuis traîtée. L'avantage
que je me fuis attribué, d'avoir le cœur libre, leur fournissoit un argument pour me
convaincre d'obftination & de perverfité;
parce qu'ils fe croioient en droit de conclure, que n'aiant point d'eftime particuliére pour aucun homme, mes oppo-
fitions ne pouvoient venir que de ces deux
caufes. A préfent, que pour leur ôter
cette arme, je leur ai donné lieu de me
fuppofer des fentimens de préférence,
ils font réfolus d'en venir promptement
à l'exécution de leur fyftéme; & c'eft dans
cette intention qu'ils ont appellé au fecours une femme vénérable, pour laquelle ils me connoiffent un refpect qui
approche de celui de la nature.

Elle a trouvé mon pere, ma Mere,
mon frere, ma fœur, mes deux oncles
& ma tante Hervey, qui s'étoient affemblés pour l'attendre.

Mon frere à commencé par l'informer
de tout ce qui s'eft paffé depuis la derniere fois qu'on lui a permis de me voir.
Il lui a lû les endroits de mes lettres,

où, fuivant leurs interprétations, j'avoue ma préférence pour M. Lovelace. Il lui a rendu compte de leurs réponfes, en fubflance ; après quoi il lui a déclaré leurs refolutions.

Ma mere a pris la parole après lui. Je vous raconte, mot pour mot, tout ce que j'ai appris de ma bonne Norton.

Après lui avoir expofé combien de fois on avoit eu l'indulgence d'approuver mes autres réfus, combien elle avoit emploié d'éfforts pour me faire confentir à obliger une fois toute la famille, & l'inflexible fermeté de mes refolutions ; ô ! chere Madame Norton, lui à-t'elle dit, auriez-vous jamais crû que ma Clariffe, & votre Clariffe, fut capable d'une oppofition fi déterminée aux volontés des meilleurs de tous les parens ? Mais voiez ce que vous pouvez obtenir d'elle. L'entreprife eft trop avancée pour lui laiffer le moindre efpoir que nous en puiffions revenir. Son pere, ne fe défiant point de fon obéïffance, a reglé tous les articles avec M. Solmes. Quels articles, Madame Norton ! Quels avantages, & pour elle & pour toute la famille ! En un mot, il dépend d'elle de nous lier tous par de véritables obligations. M. Solmes, qui connoît fes excellens principes, &

qui eſpére , aujourd’hui par ſa patience , enſuite par ſes bonnes maniéres, de l’engager dabord à la reconnoiſſance & par dégrés à l’amour , eſt diſpoſé à fermer les yeux ſur tout.

(Fermer les yeux ſur tout , ma chere ! Monſieur Solmes fermer les yeux ſur tout ! voilà une étrange expreſſion.)

Ainſi , Madame Norton , (c’eſt ma mere qui continue) ſi vous êtes convaincue que c’eſt le dévoir d’un enfant de ſe ſoumettre à l’autorité de ſes parens , dans les points les plus eſſentiels comme dans les plus légers , je vous prie de tenter quel pouvoir vous aurez ſur ſon eſprit. Je n’en ai aucun. Son pere & ſes oncles n’en ont pas d’avantage. Cependant ſon intérêt propre eſt de nous obliger tous ; car , à cette condition , la terre de ſon grand-pere n’eſt pas la moitié de ce qu’on ſe propoſe de faire pour elle. Si quelqu’un eſt capable de vaincre tant d’obſtination , c’eſt vous : & j’eſpére que vous accepterez volontiers cette commiſſion.

Madame Norton a demandé s’il lui étoit permis de faire ſes repréſentations ſur les circonſtances , avant que de monter à mon appartement.

Mon frere s’eſt hâté de lui repondre qu’on l’avoit fait appeller pour faire des

repréſentations à ſa ſœur, & non à l'aſ-
ſemblée. Et vous pouvez lui dire, Dame
Norton, (car il a l'arrogance de ne
jamais la nommer autrement) que les
choſes ſont ſi avancées avec M. Solmes,
qu'il n'eſt plus queſtion de reculer : par
conſéquent, point de repreſentations,
ni de votre part ni de la ſienne.

Soiez bien ſure, Madame Norton,
lui a dit mon pere, d'un ton irrité, que
nous ne ſerons point joués par un enfant.
Il ne ſera pas dit que nous ſoyons les
ſots de l'avanture, comme ſi nous n'a-
vions aucune autorité ſur notre propre
fille. En un mot, nous ne ſouffrirons pas
qu'elle nous ſoit enlevée par un libertin
deteſtable, qui a penſé tuer notre fils
unique. Ainſi croiez-moi, le meilleur
parti pour elle, eſt de ſe faire un mérite
de ſon obéïſſance : car il faut qu'elle
obéïſſe, ſi je vis ; quoique par l'indiſ-
crete bonté de mon Pere elle ſe croie
indépendante de moi, qui ſuis le ſien.
Auſſi, depuis ce tems-là, n'a-t'elle pas
été ce qu'elle étoit auparavant. C'eſt une
diſpoſition injuſte.... qui m'a l'air de
proſperer comme il plaira au Ciel. Mais
ſi jamais elle épouſe ce vil Lovelace,
je mangerai en procès juſqu'au dernier
ſchelling. Donnez lui cet avis de ma

part ; & que le teftament peut être caffé, & qu'il le fera.

Mes oncles fe font joints à mon pere, avec la même chaleur.

Mon frere à fait les déclarations les plus violentes.

Ma fœur n'a pas été plus modérée.

Ma tante *Hervey* a dit, avec plus de douceur, qu'il n'y avoit point d'occafion où le gouvernement des Parens fût plus convenable que dans celle du mariage, & qu'il lui paroiffoit très-jufte qu'on me fit là-deffus des loix.

C'eft avec ces inftructions que la bonne femme eft montée à ma chambre. Elle m'a fait le récit de tout ce qui venoit de fe paffer. Elle m'a preffée longtems de me rendre ; avec tant de candeur, pour s'acquitter de fa commiffion, que j'ai crû plus d'une fois qu'ils l'avoient fait entrer dans leurs intérêts. Mais après avoir reconnu mon infurmontable averfion pour leur favori, elle a déploré avec moi l'excès de mon infortune. Enfuite elle a voulu s'affurer fi j'étois fincére, dans l'offre que je fais de me reduire au célibat. Lorfqu'après m'avoir examinée, elle n'a pû douter de mes difpofitions, elle eft demeurée fi convaincue qu'une offre qui exclud M. Lovelace doit être acceptée, qu'elle s'est empressée de descendre ; & quoique je lui aie représenté qu'il ne m'a rien servi de l'avoir proposée plusieurs fois, elle à crû pouvoir m'en garantir le succès.

Mais elle est bientôt revenue toute en pleurs, & fort humiliée des reproches qu'elle s'est attirés par ses instances. Iis lui ont répondu que mon devoir est d'obéir, quelques loix qu'il leur plaise de m'imposer; que ma proposition n'est qu'un artifice pour gagner du tems ; qu'il n'y a que mon mariage avec M. Solmes qui puisse les satisfaire ; qu'ils me l'ont déja déclaré, & qu'ils ne peuvent être tranquilles qu'après la célébration, parce qu'ils n'ignorent pas combien Lovelace à d'ascendant sur mon cœur ; que j'en suis convenue moi même dans mes lettres à mes oncles, à mon frere & à ma sœur, quoique je l'aye désavouée à ma mere avec beaucoup de mauvaise foi : que je me repose sur leur indulgence & sur le pouvoir que je crois avoir sur eux ; qu'ils ne m'auroient pas bannie de leur présence, s'ils ne savoient eux-mêmes que leur considération pour moi surpasse beaucoup celle que j'ai pour eux ; mais qu'enfin ils veulent être obéis, sans quoi jamais ils ne me rendront leur affection,

quelles qu'en puiſſent être les conſequences.

Mon frere a jugé à propos de reprocher à la pauvre femme, de n'avoir ſervi
qu'à m'endurcir, par les *lamentations
vuides de ſens*. Il y a dans l eſprit des femmes, lui a-t'il dit, un fond de perverſité
& d'orgueil théatral, qui eſt capable de
faire tout riſquer à une jeune tête roma-
neſque, telle que la mienne, pour exciter la pitié par des avantures extraordinaires. Je ſuis d'un âge & d'un tour d'eſprit, a dit l'inſolent, qui peut fort bien me
faire trouver des charmes dans une mé-
lancolie d'amour. Il répond bien que
ma triſteſſe, qu'elle faiſoit valoir en ma
faveur, ne ſera jamais mortelle pour
moi ; mais il n'oſe promettre qu'elle ne
le ſera pas pour la plus tendre & la plus
indulgente de toutes les meres. Enfin, il a
déclaré à Me. Norton, qu'elle pouvoit
retourner encore une fois à ma chambre,
mais que ſi le ſuccès ne repondoit pas
mieux à l'opinion qu'ils ont eûe d'elle,
ils la ſoupçonneroient de s'être laiſſée
corrompre par l'homme qu'ils déteſtent
tous. A la vérité, tous les autres ont
blâmé cette indigne reflexion, qui a
pénétré la bonne femme juſqu au fond du
cœur ; mais il n'en a pas moins ajoûté,

fans être contredit de perfonne , que fi
elle ne pouvoit rien obtenir de fon *doux
enfant* , nom apparemment qu'elle m'a
donné dans le mouvement de fa tendreffe , elle pouvoit fe retirer , ne pas
revenir fans être appellée , & laiffer *fon
doux enfant* à la difpofition de fon pere.

Réellement , ma chere , il n'y a jamais eu de frere auffi infolent & auffi
dur que le mien. Comment fe fait-il
qu'on exige de moi tant de réfignation,
tandis qu'on lui permet de traiter avec
cette arrogance une fi honête femme &
d'un caractère fi fenfé !

Cependant elle lui a repondu que toutes fes railleries , fur la douceur de mon
naturel , n'empêchoient pas qu'il ne fût
vrai,comme elle pouvoit l'en affurer qu'il
y avoit peu d'efprits auffi doux que le
mien ; & qu'elle avoit toujours obfervé
que par les bonnes voies , on pouvoit
tout obtenir de moi , dans les chofes
mêmes qui étoient contraires à mon
opinion.

Ma tante Hervey a dit là-deffus , que
le fentiment d'une femme fi raifonnable
lui paroiffoit mériter quelque reflexion;
& qu'elle avoit quelquefois douté elle-
même , fi l'on n'auroit pas mieux fait de
commencer par les méthodes qui font

ordinairement plus d'impreſſion ſur les caractères généreux. Elle s'eſt attiré un réproche de mon frere & de ma ſœur, qui l'ont renvoiée à ma mere, pour ſavoir d'elle-même ſi elle ne m'avoit pas traitée avec une indulgence ſans exemple.

Ma mere à répondu, qu'elle croioit avoir pouſſé l'indulgence aſſez loin ; mais qu'il falloit convenir, comme elle l'avoit repreſenté pluſieurs fois, que l'accueil qu'on m'avoit fait à mon retour, & la maniére dont M. Solmes m'avoit été propoſé, n'étoient pas les moiens par leſquels on auroit dû commencer.

On lui a fermé la bouche : vous devinez qui, chere Miſs Howe. Ma chere, ma chere, vous avez toûjours quelque objection à faire, quelque excuſe à donner en faveur d'une fille rebelle ! ſouvenez-vous de la manière dont elle nous a traités, vous & moi. Souvenez-vous que le miſérable que nous haïſſons avec tant de juſtice n'auroit jamais la hardieſſe de perſiſter dans ſes vûes, ſi l'obſtination de cette perverſe créature n'étoit un encouragement pour lui. Madame Norton (en s'adreſſant à elle avéc colere) remontez encore une fois ; & ſi vous croiez devoir eſpérer quelque choſe

de

de la douceur, vous avez commiſſion de
l'employer : mais ſi vous n'en tirez aucun fruit, qu'il n'en ſoit plus queſtion.

Oui, ma bonne Norton, lui a dit ma
mere, emploiez ce que vous connoiſſez de plus fort ſur ſon eſprit. Si vous
avez le bonheur de reuſſir, nous mon-
terons, ma ſœur Hervey & moi, nous
l'amenerons entre nos bras, pour recevoir la bénédiction de ſon pere & les
careſſes de tout le monde. Vous nous en
ferez mille fois plus chere.

Madame Norton eſt revenue à moi,
& m'a repété avec larmes tout ce qu'elle
venoit d'entendre. Mais, après ce qui
s'étoit paſſé entr'elle & moi, je lui ai dit
qu'elle ne pouvoit ſe promettre de me
faire entrer dans des méſures qui étoient
uniquement celles de mon frere, & pour
leſquelles j'avois tant d'averſion. Elle
m'a ſerrée entre ſes bras maternels. Je
vous quitte, très-chere Miſs! m'a-t'elle
dit; je vous quitte, parceque je le dois.
Mais permettez que je vous conjure de
ne rien faire témérairement, rien qui ne
ſoit convenable à votre caractére. Si tout
ce qu'on dit eſt vrai, M. Lovelace n'eſt
pas digne de vous. Si vous avez la force
d'obéïr, faites attention que le devoir
vous y oblige. J'avoue qu'on ne prend

pas la meilleure méthode , avec un esprit si généreux ; mais considérez qu'il y a peu de mérite dans l'obéïssan-ce , lorsqu'elle n'est pas contraire à nos propres désirs. Faites attention à ce qu'on doit attendre d'un caractère aussi extraordinaire que le votre. Faites at-tention qu'il dépend de vous d'unir ou de diviser à jamais votre famille. Quoiqu'il soit fort chagrinant pour vous d'être ainsi poussée par la force, j'ose dire qu'a-près avoir considéré sérieusement les choses , votre prudence vous fera vaincre toutes sortes de préjugés. Par là , vous acquerez aux yeux de toute votre famille, un mérite qui vous sera non-seulement glorieux , mais qui vraisemblablement, dans l'espace de quelques mois , deviendra pour vous une source pure & constan-te de repos & de satisfaction.

Considérez , chere maman Norton , lui ai-je répondu , que ce n'est pas une démarche légere qu'on éxige de moi, ni une démarche de peu de durée. Il est question de ma vie entiére. Considérez aussi que cette loi me vient d'un frere impérieux , qui gouverne tout à son gré. Voiez jusqu'où va le désir que j'ai de les satisfaire, lorsque j'offre de renon-cer au mariage , & de rompre à jamais toute correspondance avec l'homme qu'ils haïssent, parce que mon frere le hait.

Je considére tout, ma très-chere Miss; mais, avec ce que j'ai dit, considérez seulement vous-même que si vous vous trouviez malheureuse après avoir rejetté leurs volontés pour suivre les votres, vous seriez privée de la consolation qui fait la ressource d'une fille vertueuse, lorsque s'étant soumise à la conduite de ses parens, le succès d'un mariage ne repond point à leurs espérances.

Il faut que je vous quitte, m'a-t'elle repété. Votre frere va dire (elle s'est mise à pleurer) que je vous endurcis par mes lamentations insensées. Il est bien dur en effet qu'on ait tant d'égard pour l'humeur d'un enfant, & si peu pour l'inclination de l'autre. Mais je ne vous repéte pas moins que c'est votre devoir d'obéir, si vous pouvez vous faire cette violence. Votre pere a confirmé par ses ordres le sistème de votre frere. C'est à présent le sien. Je m'imagine que le caractère de M. Lovelace n'est pas si propre à justifier votre choix que leur dégoût. Il est aisé de voir que l'intention de votre frere est de vous décréditer dans l'esprit de tous vos amis, & particuliérement dans celui de vos oncles ; mais cette raison même devroit vous porter, s'il est possible, à les obliger, pour déconcerter ses mésures peu généreuses. Je prierai le Ciel pour vous ; c'est tout ce qui me reste à vous offrir. Il faut que je descende, pour leur déclarer que vous êtes résolue de ne jamais prendre M. Solmes : le faut-il ? Pensez-y, Miss, Le faut-il ?

Oui, chere maman, il le faut. Voici, en même tems, dequoi je puis vous assurer : jamais il ne m'échappera rien qui puisse faire deshonneur au soin que vous avez pris de mon éducation. Je souffrirai tout, excepté de me voir forcée à mettre la main dans celle d'un homme qui ne peut jamais avoir aucune part à mon affection. Je m'efforcerai par mon respect, par mon humilité, par ma patience, de flechir le cœur de mon Pere. Mais je préférerai la mort, sous toutes sortes de formes, au malheur d'épouser cet homme là.

Je tremble, m'a-t'elle dit, de descendre avec une réponse si décisive. Ils vont s'en prendre à moi Mais souffrez qu'en vous quittant j'ajoûte une observation, que je vous conjure de ne jamais perdre de vûe. » Les personnes distin-

» guées par la prudence , & par des ta-
» lens tels que les vôtres , semblent dif-
» tribuées dans le monde pour donner,
» par leur exemples, du credit à la réligion
» & à la vertu. Qu'elles sont coupables ,
» lorsqu'elles s'égarent ! quelle ingrati-
» tude pour cet Etre Suprême , qui les
» a favorisés d'un si précieux bienfait !
» Quelle perte pour le monde ! Quelle
» plaie pour la vertu ! Mais c'est ce que
j'espére qu'on ne dira jamais de Miss
Clarisse Harlove.

Je n'ai pû lui repondre que par mes
larmes ; & lorsqu'elle m'a quittée , j'ai
crû que la meilleure partie de mon cœur
partoit avec elle.

Il m'est venu à l'esprit de descendre
aussitôt, & de préter l'oreille à la maniére
dont elle seroit reçue. On lui a fait un
accueil conforme à ses craintes. Veut-
elle ? Ne veut-elle pas ? Point de lamentations vagues, Madame Norton ,
(vous jugez qui lui a tenu ce discours)
Est elle resolue ou non de se soumettre à
la volonté de ses parens ?

C'étoit lui fermer la bouche sur tout
ce qu'elle alloit dire en ma faveur. S'il
faut m'expliquer si nettement , à-t'elle
repondu , Miss Clarisse mourra plutôt
que d'être jamais .... à d'autre que Lo-

velace, a interrompu mon frere. Voilà, Madame, voilà, Monfieur, ce que c'eft que la docilité de votre fille. Voilà le *doux enfant* de Madame Norton. Oh bien, bonne Dame, vous pouvez reprendre le chemin de votre demeure : je fuis chargé de vous interdire toute correfpondance avec cette fille perverfe, autant que vous faites cas de l'amitié de toute notre famille & de chacun de ceux qui la compofent. Enfuite, perfonne n'ouvrant la bouche pour le contredire, il l'a menée lui même à la porte ; fans doute avec ce cruel air d'infulte, que les riches hautains prennent fur le pauvre qui a le malheur de leur déplaire.

Ainfi, chere amie, vous êtes informée de la maniére dont on me prive déformais du confeil d'une des plus prudentes & des plus vertueufes femmes du monde, quoique le béfoin que j'en ai toujours eu ne puiffe qu'augmenter. Je pourrois à la vérité lui écrire & recevoir fes reponfes par vos mains : mais s'il arrivoit qu'on la foupçonnât de cette correfpondance, je fais qu'elle ne voudroit point fe rendre coupable d'un menfonge, ni de la moindre équivoque ; & l'aveu qu'elle feroit, après les défenfes qu'elle a reçues, lui feroit perdre à jamais la protection de

ma mere. C'eſt un point de quelque importance pour elle ; car dans ma derniére
maladie , j'ai obtenu de ma mere que ſi
je mourois ſans avoir fait quelque choſe
pour cette excellente femme , elle ſe
chargeroit elle-même de lui aſſurer une
honnête ſubſiſtance, qui peut lui devenir néceſſaire lorſqu'elle ne ſera plus en
état de s'aider de ſon aiguille , comme
elle fait aujourd'hui avec aſſez d'avantage.

Quelles feront à préſent leurs méſures?
N'abandonneront-ils pas leurs projets ,
en reconnoiſſant que ce ne peut être
qu'une invincible antipathie , qui rend
opiniâtre un eſprit qui n'eſt pas naturellement inflexible ? Adieu , ma chere.
Pour vous, ſoiez heureuſe ! Il ſemble que
pour l'être parfaitement, tout ce qui vous
manque, c'eſt de ſavoir que votre bonheur
dépend de vous.

CL. HARLOVE.

H iv

L E T T R E   XL. *

Miß Clarisse Harlove, à Miß Howe.

LE sommeil est si loin de mes yeux, quoiqu'il soit minuit, que je vais reprendre le sujet que j'ai été forcée d'interrompre, & satisfaire ensuite votre désir & celui de nos trois amies, autant du moins que le partage de mes idées m'en laisse capable. J'espére que le sombre silence qui regne à cette heure, pourra mettre un peu de calme dans mon esprit.

Il s'agit de me justifier pleinement d'une aussi grave accusation que celle d'avoir des reserves pour la plus chere de mes amies. Je reconnoîtrai dabord, comme je crois l'avoir déja fait plusieurs fois, que si M. Lovelace paroît à mes yeux sous un jour suportable, il en a l'obligation aux circonstances particuliéres où je me trouve ; & j'assure hardiment que si on lui avoit opposé un homme de sens, de vertu & de générosité, un homme sensible aux peines d'autrui, ce qui m'auroit donné une assurance morale qu'il

* C'est la continuation de la Lettre XXXVIII.

en auroit été moins capable de manquer de reconnoiſſance pour les attentions d'un cœur obligeant ; ſi l'on avoit oppoſé à M. Lovelace un homme de ce caractère, & qu'on eut emploié les mêmes inſtances pour me le faire accepter , je ne me connois pas moi-même ſi l'on avoit eu les mêmes raiſons de me reprocher cette obſtination invincible dont on m'accuſe aujourd'hui. La figure même ne m'auroit point arrêtée ; car c'eſt le cœur qui doit avoir la premiere part à notre choix , comme le plus ſur garant de la bonne conduite d'un mari.

Mais dans la ſituation même où je ſuis, perſecutée , pouſſée par de continuelles violences je vous avoue que je ſens quelque fois un peu plus de difficulté que je ne voudrois , à trouver dans les bonnes qualités de M. Lovelace dequoi me ſoûtenir contre le dégoût que j'ai pour les autres hommes.

Vous dites , que je dois avoir raiſonné avec moi-même , dans la ſuppoſition que je puiſſe quelque jour être à lui. J'avoue que je me ſuis quelquefois miſe à cette épreuve ; & pour répondre à la ſomma-tion de ma plus chere amie , je veux ex-poſer devant elle les deux côtés de l'ar-gument.

H v

Commençons par ce qui se présente en sa faveur. Lorsqu'il fut introduit dans notre famille , on insista dabord sur ses vertus négatives. Il n'avoit point de passion pour le jeu, pour les *courses de cheval*, * pour la chasse du Renard , pour la débauche de table. Ma tante Hervey nous avoit averties , en confidence , de tous les désagrémens auxquels une femme un peu délicate est exposée avec un buveur ; & le bon sens nous apprenoit assez que la sobriété dans un homme n'est pas un point à négliger , puisque l'excès donne lieu tous les jours à tant de facheuses avantures. Je me souviens que ma sœur relevoit particuliérement cette favorable circonstance dans son caractère, pendant qu'elle avoit quelque espérance d'être à lui.

On ne l'a jamais accusé d'avarice , ni même de manquer de générosité ; & lorsqu'on s'est informé de sa conduite, on n'a point trouvé de profusion & d'extravagance à lui réprocher. Son orgueil, assez louable sur ce point , l'a garanti de ces deux excès. Dun autre côté , il est toujours prêt à reconnoître ses fautes. On ne l'entend jamais badiner sur la Réli-

* On sait que ces courses & les équipages de chasse jettent les Anglois dans de grandes dépenses.

gion ; c'est le défaut du pauvre M. Wyerley, qui paroît s'imaginer qu'il y a de l'esprit à dire des choses hardies, qui sont toujours choquantes pour une ame serieuse. Dans la conversation , il a toujours été irréprochable avec nous ; ce qui montre , quelque idée qu'on puisse avoir de ses actions, qu'il est capable de recevoir les influences d'une compagnie décente ; & que vraisemblablement , dans celle qui l'est moins , il suit l'exemple plutôt qu'il ne le donne. Une occasion , qui n'est pas plus ancienne que Samedi dernier *, ne l'a pas peu avancé dans mon estime, du côté de la retenue ; quoi qu'en même tems il n'ait pas manqué d'assurance. Du côté de la naissance , on ne peut lui contester l'avantage sur tous ceux qui m'ont été proposés. Si l'on peut juger de ses sentimens par cette reflexion , qui vous fit plaisir dans le tems ; ›› que lorsque le bon sens se trou- ›› ve réuni avec la véritable qualité & ›› les distinctions héréditaires , l'hon- ›› neur s'applique de lui même , *& joint comme un gand* (expression qui lui est familiére ; & vous savez de quel air aisé il la releve) ›› tandis que *l'homme nouveau,*

* Elle parle de leur entrevûe.

>> ajoûta-t’il, celui qu’on a vû *croître*
>> *comme un mousseron*, (autre de ses ter-
>> mes favoris) devient arrogant de ses
>> honneurs & de ses titres : si ces idées,
dis-je, pouvoient servir à faire juger
de lui, il faudroit conclure en sa faveur, que de quelque maniére que sa
conduite reponde à ses lumières, il n’i-
gnore pas ce qu’on est en droit d’attendre
des personnes de sa naissance. La conviction est la moitié du chemin à l’a-
mandement.

Il jouit d’un bien considérable, &
celui qui doit lui revenir est immense...
Il n’y a rien à dire de ce côté-là.

Mais il est impossible, au jugement
de quelques personnes, qu’il fasse jamais
un mari tendre & complaisant. Ceux
qui pensent à m’en donner un tel que
Solmes, & par des méthodes si violentes,
n’ont pas bonne grace de me faire cette
objection. Il faut que je vous dise comment j’ai raisonné là-dessus avec moi-
même ; car vous devez vous souvenir que
je suis encore à la partie favorable de son
caractère.

Une grande partie du traitement auquel une femme doit s’attendre avec lui,
dépendra peut-être d’elle-même. Peut-
être sera t’elle obligée, avec un homme

fi peu accoûtumé à fe voir contrarier ,
de joindre la pratique de l'obéïffance au
vœu qu'elle aura fait d'obéïr. Elle devra
fe faire un foin continuel de plaire. Mais
quel eft le mari qui ne s'attende pas à
trouver ces difpofitions dans une femme;
avec plus de raifon , peut-être , s'il n'a
pas lieu de croire qu'elle l'ait préféré
dans fon cœur avant que de prendre ce
titre ? Et n'eft-il pas plus facile & plus
agréable d'obéïr à un homme qu'on a
choifi , quand il ne feroit pas toujours
auffi raifonnable qu'on le défire , qu'à
celui qu'on n'auroit jamais eu fi l'on avoit
pû fe difpenfer de l'avoir ? Pour moi , je
crois que les loix conjugales étant l'ouvrage des hommes, qui ont fait de l'obéïffance une partie du vœu des femmes ,
elle ne doivent point , même en bonne
politique , laiffer voir à un mari qu'elles
puiffent violer leur part du contrat ,
quelque légere qu'elles en croient l'occafion ; de peur qu'il ne s'avife , étant
lui-même le juge , de ne pas attacher
plus d'importance à d'autres points dont
elles auroient une plus grave opinion.
Mais, au fond , un article juré fi folem-
nellement ne doit jamais être négligé.

Avec ces principes , dont je fuppofe
qu'une femme ne s'écarte point dans fa

conduite quel sera le mari assez misérable pour la traiter brutalement ? La femme de Lovelace sera-t'ele la seulle personne au monde, pour laquelle il n'ait point un retour de civilité & de bonnes maniéres? On lui accorde de la bravoure: à-t'on jamais vû qu'un homme brave, s'il n'est pas dépourvu de sens, ait été absolument une ame basse. L'inclination générale de notre sexe pour les hommes de ce caractére, fondée apparemment sur le bésoin que notre douceur naturelle, ou plutôt l'éducation, nous donne d'une protection continuelle, marque assez que dans l'idée commune il y a peu de différence entre *brave* & *généreux*.

Mettons les choses au pis : me fera-t'il une prison de ma chambre ? M'interdira-t'il les visites de ma chere amie, & me défendra-t'il toute correspondance avec elle ? M'otera t'il l'administration domestique, lorsqu'il n'aura point à se plaindre de mon gouvernement ? Etablira-t'il une servante sur moi, avec la liberté de m'insulter ? N'aiant point de sœur, permettra-t'il à ses cousines Montaigu, & l'une ou l'autre de ces deux Dames voudra-t'elle accepter la permission, de me traiter tiranniquement ? Autant de suppositions impossibles. Pour-

quoi donc , ai-je penſé ſouvent , pourquoi me tentez-vous , ô cruels amis ,
d'eſſaier la différence ?

Et puis , s'eſt gliſſé le plaiſir ſecret de
ſe croîre propre à faire rentrer un homme de ce caractère dans le ſentier de la
vertu & de l'honneur ; à ſervir de cauſe
ſeconde pour le ſauver , en prévenant
tous les malheurs dans leſquels un eſprit ſi entreprénant eſt capable de ſe
précipiter ; du moins , s'il eſt tel qu'on
le publie.

Dans ce jour , & lorſque j'y ai joint
qu'un homme de ſens aura toujours plus
de facilité qu'un autre à revenir de ſes
erreurs , je vous avoue , ma chere , qu'il
m'en a coûté quelque choſe pour éviter
de prendre le chemin dont on s'éfforce
de me détourner avec tant de violence.
Tout l'empire qu'on m'attribue ſur mes
paſſions , & dont on prétend que je tire
tant de gloire à mon âge , ne m'a ſuffi
que difficillement.

Ajoûtez que l'eſtime de ſes proches ,
tous irréprochables, à l'exception de lui !
a mis un poids conſidérable du même
côté de la balance.

Mais jettons les yeux ſur l'autre. Lorſque j'ai réflechi ſur la défenſe de mes
parens ; ſur l'air de légereté , humiliante

pour tout mon fexe , qu'il y auroit dans
une préférence de cette nature : qu'il eft
abfolument fans vraifemblance que ma
famille , enflammée par la rencontre , &
foutenue dans cette chaleur par l'ambition & les artifices de mon frere , puiffe
jamais étouffer fon animofité ; qu'il faudroit m'attendre par confequent à d'é-
ternelles divifions , me préfenter à lui
& aux fiens à titre de perfonne obligée ,
qui n'auroit que la moitié du bien qu'elle
devoit apporter : que fon averfion pour
eux eft auffi forte que celle qu'ils ont pour
lui : que toute fa famille eft déteftée par
rapport à lui, & qu'elle rend bien le change à la mienne : qu'il eft dans une très-
mauvaife reputation pour les mœurs , &
qu'une fille modefte , qui ne l'ignore
pas, doit être choquée de cette idée : qu'il
eft jeune , dominé par fes paffions ,
d'un naturel violent , artificieux néanmoins, & porté , je crains à la vangeance.
Qu'un mari de ce caractére feroit capable d'altérer mes principes & de mettre
mes efpérances au hazard pour la vie
future ; que fes propres parens , deux
vertueufes tantes & un oncle, dont il attend de fi grands avantages , n'ont aucun
afcendant fur lui : que s'il a quelques qualités fupportables , elles ont moins , pour

fondement, la vertu que l'orgueil : qu'en reconnoiſſant l'excellence des préceptes moraux & faiſant profeſſion de croire des recompenſes & des punitions dans un autre état , il ne laiſſe pas de vivre comme s'il mépriſoit les uns & qu'il bravât les autres : l'apparence qu'il y a que la teinture de ſes principes peut ſe communiquer à ſa poſtérité : qu'étant informée de tout ce que je dis & n'en ignorant pas l'importance , je ſerois plus inexcuſable que dans le cas de l'ignorance, puiſqu'une erreur contre le jugement eſt pire , infiniment pire , qu'un défaut de lumiére dans la faculté qui juge: lorſque je me livre à toutes ces réflexions , je dois vous conjurer , ma chere , de demander au ciel , avec moi & pour moi , qu'il ne permette jamais que je ſois forcée à des méſures indiſcretes , qui puiſſent me rendre inexcuſable à mes propres yeux. C'eſt l'eſſentiel , après tout ; l'opinion du public ne doit tenir que le ſecond rang.

J'ai dit , à ſa louange , qu'il eſt prêt à reconnoître ſes fautes : cependant j'ai de grandes reſtrictions à faire ſur cet article. Il m'eſt venu quelquefois à l'eſprit que cette ingenuité pourroit être attribuée à deux cauſes , peu capables l'une & l'autre d'exciter la confiance ; l'une, qu'il eſt tellement dominé par ſes vices, qu'il ne penſe pas même à les combattre ; la ſeconde, qu'il y a peut-être de la politique à paſſer condamnation ſur une moitié de ſon caractère pour mettre l'autre à couvert, tandis que la totalité peut ne rien valoir. Cette ruſe arrête des objections auxquelles il ſeroit embarraſſé à répondre : elle lui attire l'honneur de l'ingenuité ; lorſqu'il n'en peut obtenir d'autre, & que la diſcuſion peut-être ne ſerviroit qu'à lui faire découvrir d'autres vices. Vous conviendrez que je ne le ménage point; mais tout ce que ſes ennemis diſent de lui ne ſaurroit être faux. Je reprendrai la plume dans quelques momens.

Quelquefois, ſi vous vous en ſouvenez, nous l'avons pris toutes deux pour un homme d'eſprit des plus ſimples & des plus naifs que nous euſſions jamais connus. Dans d'autres tems, il nous a paru un des plus profonds & des plus ruſés mortels avec qui nous euſſions eu quelque familiarité : de ſorte qu'après une viſite où nous penſions l'avoir approfondi, il nous en rendoit une autre où nous étions prêtes à le regarder comme un homme impénétrable. C'eſt une remarque, ma chere, qu'il faut compter parmi les ombres du tableau. Cependant, tout bien examiné, vous en avez jugé favorablement, jusqu'à soûtenir que son principal défaut est un excès de franchise, qui lui fait négliger les apparences, & qu'il est trop étourdi pour être capable d'artifice. Vous avez soûtenu que lorsqu'il dit quelque chose de louable, il croit véritablement ce qu'il dit; que ses changemens & sa légéreté sont l'effet de sa constitution, & doivent être mis sur le compte d'une santé florissante & de la bonne intelligence d'un corps & d'une ame, qui, suivant votre observation, se plaisent ensemble; d'où vous avez conclu, que si ce bon accord de ses facultés corporelles & intellectuelles étoit réglé par la discretion, c'est-à-dire si sa vivacité pouvoit se renfermer dans les bornes des obligations morales, il seroit fort éloigné d'être un compagnon méprisable pour toute la vie.

Pour moi, je vous disois alors, & je suis encore porté à croire qu'il lui manque un cœur; & par consequent que tout lui manque. Une tête de travers peut recevoir un meilleur tour & n'est pas incapable de conviction : mais qui donnera un cœur à ceux qui n'en ont point? Il n'y a que la grace du Ciel qui puisse changer

un mauvais cœur, par une opération qui
approche beaucoup du miracle. Ne de-
vroit-on pas fuir un homme qu'on soupçonne seulement de ce vice ? A quoi
pensent donc les parens, hélas ! à quoi
pensent-ils, lorsque poussant une fille au
précipice, ils l'obligent de penser mieux
qu'elle ne feroit d'un homme suspect,
pour en éviter un autre qui lui est odieux?

Je vous ai dit que je le crois vindicatif. En vérité, j'ai douté quelquefois
si sa perseverance dans les soins qu'il me
rend ne méritoit pas plutôt le nom d'obstination, depuis qu'il a reconnu combien
il déplait à mes parens. A la vérité, je
lui ai vû depuis ce tems-là plus d'ardeur;
mais loin de leur faire sa cour, il prend
plaisir à les tenir en allarme. Il apporte
son désintéressement pour excuse (il ne
me persuaderoit pas aisément que c'est
politesse) ; & cette raison est d'autant
plus plausible, qu'il leur connoit le pouvoir de faire tourner à son avantage l'attention qu'il apporteroit à leur plaire. Je
conviens qu'il a l'eu de croire (sans quoi
il seroit impossible de le souffrir) que les
plus humbles soumissions seroient rejet-
tées de sa part ; & je dois dire aussi, que
pour m'obliger, il offre de faire les démarches d'une réconciliation, si je veux

lui donner quelque efpérance de fuccès.
A l'egard de fa conduite à l'Eglife, Dimanche dernier, je ne compte pas beaucoup fur ce qu'il m'a dit pour fa juftifi-
cation ; parceque je m'imagine que fes
modeftes intentions étoient revêtues
d'une trop forte apparence d'orgueil.
Chorey, qui n'eft pas fon ennemie, auroit-elle pû s'y méprendre ?

Je ne lui crois point une auffi profonde
connoiffance du Cœur humain, que quelques perfonnes fe l'imaginent. Ne vous
fouvenez-vous pas combien il parut frap-
pé d'une réflexion commune, qu'il auroit trouvée dans le premier livre de
morale ? Un jour qu'il fe plaignoit, avec
un mélange de ménaces, des mauvais
difcours qu'on avoit tenus contre lui, je
» lui dis, qu'il devoit les méprifer s'il
» étoit innocent ; & que s'il ne l'étoit
» pas, la vangeance ne lavoit pas la ta-
» che : qu'on ne s'étoit jamais avifé
» *de faire une éponge d'une épée* ; qu'il
» étoit le maître, en fe corrigeant de
» l'erreur qu'un ennemi lui reprochoit,
» de changer la haine de cet ennemi en
» amitié, &, ce qui devoit paffer pour
» la plus noble de toutes les vangeances,
» malgré cet ennemi même, puifqu'un
» ennemi ne pouvoit pas fouhaiter de le

>> voir corrigé des fautes dont il l'accu-
>> foit.

L'intention, me dit-il, faifoit la bleffure.

>> Comment cela, lui répondis-je,
>> lorfqu'elle ne peut bleffer fans l'appli-
>> cation ? L'adverfaire, ajoûtai-je, ne
>> fait que tenir l'épée. C'eft vous-même
>> qui vous en appliquez la pointe; &
>> pourquoi vous reffentir mortellement
>> d'une malice qui peut fervir à vous
>> rendre meilleur pendant tout le cours
>> de votre vie ? Quelles peuvent être les
connoiffances d'un homme qui a paru
fort étonné de ces obfervations ? cependant il peut fe faire qu'il prenne plaifir
à la vangeance, & qu'il croie la même
faute inexcufable dans un autre. Il ne
feroit pas le feul qui condamnât dans
autrui ce qu'il fe pardonne à lui-même.

C'eft après ces confidérations, ma chere, c'eft après avoir reconnu combien la
balance l'emporte d'un côté fur l'autre,
que je vous ai dit dans une de mes lettres;
*pour tout au monde, je ne voudrois pas
avoir pour cet homme-là ce qu'on appelle de
l'amour :* & j'allois plus loin que la prudence ne le permettoit, lorfque je com-
pofois avec vous, par le terme de *goût
conditionel*, fur lequel votre raillerie s'eft
exercée.

Mais je crois vous entendre dire; quel rapport tout ce verbiage à-t'il à la queftion? Ce ne font que de purs raifonnemens. Vous n'en avez pas moins de l'amour. En avez-vous ou non? L'amour, comme la maladie des vapeurs, n'en eft pas moins enracinée, pour n'avoir pas de caufes raifonnables auxquelles on puiffe l'attribuer. Et delà vous revenez à vous plaindre de mes referves.

Eh bien donc, ma chere, puifque vous vous le voulez abfolument, je crois qu'avec tous fes défauts j'ai plus de goût pour lui que je ne m'en ferois jamais crue capable, & plus, tous fes défaut confidérés, que je ne devrois peut-être en avoir. Je crois meme que les perfecutions qu'on me fait fouffrir peuvent m'en infpirer encore plus; fur tout lorfque je me rappelle, à fon avantage, les circonftances de notre derniére entrevûe, & que de l'autre côté je vois chaque jour quelque nouvelle marque de tiranie. En un mot, je vous avouerai nettement, puis qu'avec vous les explications ne peuvent être trop claires, que s'il ne lui manquoit rien du côté des mœurs, je le préfererois à tous les hommes que j'ai jamais connus.

Voilà donc, me direz-vous, ce que

vous appellez un goût conditionel ! Je
me flatte , ma chere , que ce n'eſt rien
de plus. Je n'ai jamais ſenti d'amour ;
ainſi , je vous laiſſe à juger ſi c'en eſt , ou
ſi ce n'en eſt pas. Mais j'oſe dire que ſi
c'en eſt , je ne le reconnois pas pour un
auſſi puiſſant Monarque , pour un con-
querant auſſi indomptable que je l'ai entendu repréſenter ; & je m'imagine que
pour être irreſiſtible , il doit recevoir
plus d'encouragement, que je ne crois lui
en avoir donné ; puiſque je ſuis bien
perſuadée que e pourrois encore, ſans battemens de cœur, renoncer à l'un des deux
hommes pour être délivrée de l'autre.

Mais parlons un peu plus ſérieuſement.
S'il étoit vrai , ma chere , que le malheur particulier de ma ſituation m'eût
forcée , ou , ſi vous le voulez , m'eût
engagée à prendre du goût pour M. Lovelace , & que ce goût , à votre avis,
ſe fût changé en amour ; vous qui êtes
capable des plus tendres impreſſions de
l'amitié , qui avez de ſi hautes idées de
la délicateſſe de notre ſexe , & qui êtes
actuellement ſi ſenſible aux diſgraces
d'une perſonne que vous aimez , auriez-
vous dû pouſſer ſi loin cette amie infor-
tunée , ſur un ſujet de cette nature ? particuliérement lorſqu'elle n'a pas cherché,

comme

comme vous croiez le pouvoir prouver *par vingt endroits* de mes lettres, à se tenir en garde contre votre pénétration ? Peut-être quelques railleries de bouche auroient été plus convenables ; sur tout si votre amie eût été à la fin de ses peines, & qu'elle eût affecté des airs de prude en rappellant le passé. Mais vous asseoir gaiement, comme je me le représente, pour me les écrire avec une sorte de triomphe, assurément, ma chere (& j'en parle moins pour mon intérêt que pour l'honneur de votre générosité, car je vous ai dit plus d'une fois que votre badinage me plaît) ce n'est pas la plus glorieuse de vos actions ; du moins, si l'on considére la délicatesse du sujet & celle de vos propres sentimens.

Je veux m'arrêter ici, pour vous y laisser faire un peu de réflexion.

Passons à la question dont vous voulez savoir ce que je pense, sur le dégré de force, que la figure doit avoir pour engager notre sexe. Il me semble que votre demande aiant rapport à moi, je dois non-seulement vous expliquer mes idées en géné-

ral , mais confidérer auffi le fujet dans ma
fituation particuliére ; pour vous mettre
en état de juger jufqu'où mes amis ont
tort ou raifon , lorfqu'ils m'attribuent
beaucoup de prévention en faveur de
l'un & contre l'autre , du côté de la figure. Mais j'obferverai d'abord qu'en
comparant M. Lovelace & M. Solmes,
ils font très-bien fondés à s'imaginer que
cette confidération peut avoir quelque
pouvoir fur moi ; & leur imagination fe
transforme en certitude.

Il eft certain que la figure à quelque
chofe , non – feulement de plaufible &
d'attraiant pour une femme , mais de
propre même à lui donner une forte de
confiance à fon choix. Elle fait , à la
premiére vûe, de favorables impreffions,
qu'on fouhaite de voir confirmées : & s'il
arrive en effet qu'une heureufe experien-
ce les confirme , on s'applaudit de fon
jugement ; on en aime mieux la perfonne , pour nous avoir donné lieu de
prendre une opinion flateufe de notre
propre pénétration.

Cependant j'ai toujours eû pour régie
générale que dans un homme comme
dans une femme , une belle figure doit
être fufpecte ; mais furtout dans les
hommes , qui doivent eftimer beaucoup

plus en eux mêmes les qualités de l'ame que celles du corps. A l'égard de notre sexe, si l'opinion publique rend une femme vaine de sa beauté, jusqu'à lui avoir fait négliger des qualités plus im ortantes & plus durables, on sera disposé à l'excuser ; puisqu'une jolie f_lle n'en est pas moins sure de plaire, sans qu'on sache trop bien pourquoi. Mais c'est un avantage si court, qu il ne peut être regardé d'un œil d'envie. Lorsque ce soleil d'été arive à son déclin, lorsque ces graces légéres, ces voltig mens de papillon s'evanouissent, & que l'hiver de l'âge amene des glaces & des rides, celle qui a négligé les plus précieuses facultés sentira les iustes effets de son imprudence. Comme une autre Helene, elle n'aura pas la force de soûtenir la re*flexion même* de son miroir ; & ne se trouvant plus que la simple qualité de vieille femme, elle tombera dans le mépris qui est ataché à ce caractère : tandis que la femme raisonnable, qui porte dans un âge avancé l'aimable caractére de la vertu & de la prudence, voit remplacer une frivole admiration par un respect solide, qui lui fait gagner beaucoup au change.

Si c'est un homme qu'on suppose vain

de fa figure ; qu'on lui trouvera l'air ef-
feminé ! Avec du génie même , il ne
donnera jamais rien aux exercices de l'efprit. Son ame fera toujours repandue au
déhors ;   toutes fes occupations feront
bornées à fon extérieur , & peut-être à
le rendre ridicule en croiant le parer. Il
ne fait rien qui n'ait rapport à lui ; il n'ad-
mire que lui ; & malgré les corrections
du Théâtre , qui tombent fi fouvent fur
la fatuité , il s'aveugle fur lui-même ,
& s'abime dans ce caractére , qui le rend
l'objet du mépris d'un fexe & le jouet de
l'autre.

Tel eft prefque toujours le cas de vos
belles figures , & de tous ces hommes
qui afpirent à fe diftinguer par l'ajuftement : ce qui me fait repéter que la
figure feule eft une confidération tout à
fait méprifable. Mais lorfqu'à la figure
un homme joint du favoir , & d'autres
talens qui lui artireroient de la diftinc-
tion fous toute autre forme , cette efpéce
d'avantage eft une addition confidérable
au mérite perfonnel ; & s'il n'eft point
alteré par un excès d'amour propre ou
par de mauvaifes mœurs , l'homme qui
le poffede eft un être véritablement ef-
timable.

On ne peut réfufer du goût à M. Lovelace. Autant que je suis capable d'en juger, il est versé dans toutes les connoissances qui appartiennent aux beaux arts. Mais quoiqu'il ait une manière, qui lui est propre, de faire tourner sa vanité à son avantage, on s'apperçoit qu'il est trop content de sa figure, de ses talens, & même de sa parure ; avec le bonheur néanmoins, pour son ajustement, d'être toujours mis d'un air si aisé, qu'on s'imagine que c'est sa moindre étude. A l'égard de sa figure, je me croirois inexcusable de contribuer à nourrir sa vanité, en marquant le moindre égard pour une distinction qu'on ne sçauroit lui disputer.

A présent, ma chere, puis-je vous demander si j'ai répondu à votre attente? Si vous me trouvez au-dessous de mon entreprise, je m'efforcerai de la reprendre avec plus de succès dans une situation plus tranquille ; car il me semble que mes reflexions trainent, que mon stile rampe, & que mon imagination est abbatue. Je ne me sens de vigueur dans l'esprit, que pour vous dire combien je suis dévouée à vos ordres.

CL. HARLOVE

P. S.

L'infolente Betty-Barnes vient de me rechauffer l imagination , par le recit du difcours fuivant , qu'elle prétend avoir entendu tenir à Solmes. Cette hideufe créature fe vante , dit-elle » d'être fur » à préfent de la petite Précieufe , & » cela fans y mettre beaucoup du fien.. » Quelque averfion que je puiffe avoir » eûe pour fa perfonne , il peut comp- » ter du moins fur mes principes ; & ce » fera un amufement pour lui de voir » par quels jolis dégrés je reviendrai à » chercher les moiens de lui plaire , (l'horrible perfonnage !) » C'étoit une » obfervation de fon oncle, qui connoif- » foit parfaitement le monde , que la » crainte eft un garant plus fur que l'a- » mour , pour la bonne conduite d'une » femme à l'égard de fon mari ; quoi- » que pour lui, il foit refolu , avec une » fi aimable perfonne, de tenter ce qu'il » peut attendre de l'amour , pendant » quelques femaines du moins ; parce- » qu'il a peine à fe perfuader ce que » difoit encore fon oncle, que les ex- » cès de tendreffe ne fervent qu'à gâter » les femmes.

Que penfez-vous , ma chere , d'un

misérable de cette espéce, *endoctriné*
sur-tout par son vieux rechigné d'oncle,
qui n'a jamais eu la réputation d'aimer les
femmes !

LETTRE XLI.

Miss Clarisse Harlove, à Miss Howe.

Mardi 21 de Mars.

QUe ma mere auroit de penchant à
me traiter avec bonté, s'il lui étoit
permis de le suivre ! Je suis bien sure
qu'on ne me feroit point essuier cettte indigne persecuti̇on, si sa prudence & son
excellent esprit obtenoient la considération qu'ils méritent. J'ignore si c'est à
cette chere mere, ou à ma tante, ou
peut-être à toutes deux, que j'ai l'obligation d'un nouvel effort qu'on entre-
prend pour me tenter ; mais voici une
lettre remplie de bonté, que j'ai reçue
ce matin par les mains de Chorey.

Ma chere enfant ! car je dois encore
vous donner ce nom, puisque vous pouvez m'être chere dans tous les sens ; nous
avons fait une attention particuliére à

quelques mots qui font échappés à votre bonne Norton, & qui nous ont fait entendre que vous vous plaignez de n'avoir pas été traitée, à la premiere ouverture des intentions de M. Solmes, avec autant de condefcendance que nous en avons toujours eu pour vous. Quand cela feroit vrai, chere Clary, vous ne feriez pas excufable d'avoir manqué de votre part, & de vous oppofer aux volontés de votre pere, dans un point fur lequel il eft trop engagé pour reculer avec honneur. Mais tout peut prendre encore une bonne face : de votre fimple volonté, ma chere enfant, dépend le bonheur préfent de votre famille.

Votre pere me permet de vous dire que fi vous voulez repondre enfin à fes efpérances, les mécontentemens paffés feront éteints dans l'oubli, comme s'il n'en avoit jamais été queftion ; mais il m'ordonne auffi de vous déclarer que c'eft pour la derniére fois que le pardon vous eft offert.

Je vous ai fait entendre, comme vous ne fauriez l'avoir oublié, qu'on avoit demandé à Londres les échantillons de ce qu'il y a de plus riche en étoffes. Ils font arrivés, & votre pere, pour faire connoître à quel point il eft

déterminé , veut que je vous les envoie.
J'aurois fouhaité qu'ils n'euſſent point accompagné ma lettre ; mais au fond c'eſt
ce qui importe aſſez peu. Je dois vous
dire qu'on n'a plus autant d'égard pour
votre délicateſſe, que j'aurois défiré qu'on
en eût autrefois.

Ce font les plus nouvelles , comme les
plus riches étoffes , qu'on ait pû découvrir. On a voulu qu'elles fuſſent convenables au rang que nous tenons dans le
monde , au bien que nous devons joindre
à celui que votre grand - pere vous a
laiſſé , & au noble établiſſement qu'on
vous deſtine ,

Votre papa ſe propoſe de vous faire
préſent de ſix habits complets , avec tous
les aſſortimens. Vous en avez un tout
neuf , & un autre que je ne crois pas que
vous ayez porté deux fois. Comme le
neuf eſt fort riche , ſi vous voulez qu'il
ſoit compris dans les ſix , votre pere
vous donnera cent guinées pour en remplacer la valeur.

M. Solmes eſt dans le deſſein de vous
offrir une garniture de diamans. Comme
vous avez ceux de votre grand-mere &
les votres , ſi vous aimez mieux les faire
remonter dans le goût moderne , ſon
préſent ſera converti dans une ſomme

fort honnête, dont vous aurez la proprié-
té ; outre la penfion annuelle p ur vos
menus plaifirs. Ainfi vos objections,
contre le caractére d'un homme dont
vous n'avez pas auffi bonne opinion que
vous le devriez, ont déformais peu de
poids ; & vous ferez plus indépendante
que ne devroit l'être une femme à qui l'on
fuppoferoit moins de difcretion. Vous
favez parfaitement que moi même, qui
ai apporté plus de bien dans la famille
que vous n'en donnnez à M. Solmes, je
n'ai point eu des avantages fi confidéra-
bles. Nous avons cru dévoir vous les ménager. Dans les mariages d'inclination,
on infifte moins fur les termes. Cependant
j'aurois regret d'avoir contribué à ces
difpofitions, fi vous ne pouviez pas fur-
monter tous vos dégoút pour nous obliger.

Ne vous étonnez pas, Clary, que
je m'explique avec cette ouverture. Votre conduite, jufqu'à préfent, ne nous
a guéres permis d'entrer avec vous dans
un fi grand détail. Cependant après ce
qui s'eft paffé contre vous & moi, dans
nos entretiens, & par lettres entre-vous
& vos oncles, vous ne doutez pas quelles
doivent être les fuites. Il faut, ma fille,
que nous renoncions à notre autorité, ou

vous à votre humeur. Il n'eſt pas naturel que vous vous attendiez à l'un , & nous avons toutes les raiſons du monde de nous attendre à l'autre. Vous ſavez combien je vous ai dit de fois que vous devez vous reſoudre à recevoir M. Solmes, ou à n'être plus regardée comme un de nos Enfans.

On vous fera voir , quand vous le voudrez , une copie des articles. Il nous paroît qu'ils ſont à l'épreuve de toutes ſortes d'objections. On y a fait entrer de nouveaux avantages en faveur de la famille , qui n'y étoient pas la première fois que votre tante vous en a parlé. C'eſt plus , en vérité , que nous n'aurions penſé à démander. Si vous croiez , après les avoir lus , qu'il y ait quelque changement à faire , on le fera volontiers. Allons , chere fille , déterminez-vous à les lire. Ou plutôt faites mieux ; priez-moi , aujourd'hui ou demain , de vous les envoier.

Comme la hardieſſe qu'une certaine perſonne a eue de paroître à l'Egliſe , & ce qui nous revient continuellement de ſes bravades , ne peut manquer de nous cauſer des inquiétudes qui dureront auſſi longtems que vous ſerez à marier , vous ne devez pas être étonnée qu'on ait pris la réfolution d'abreger le tems. Ce fera d'aujourdhui en quinze jours, fi vous ne me faites point d'objection que je puiffe approuver. Mais fi vous vous determiniez volontairement, on ne vous refuferoit pas huit ou dix jours de plus.

Vos délicateffes fur la perfonne vous feront peut-être trouver quelque inegalité dans cette alliance. Mais il ne faut pas non plus que vous attachiez tant de prix à vos qualités perfonnelles, fi vous ne voulez pas qu'on vous croie trop frappée du même avantage dans un autre homme, quelque méprifable que cette confidération foit en elle même. C'eft le jugement qu'un pere & une mere en doivent porter. Nous avons deux filles, qui nous font également cheres ; pourquoi Clariffe trouveroit'elle de l'inégalité dans une alliance, où fa fœur aînée n'en trouveroit pas, ni nous pour elle, fi M. Solmes nous l'eût demandée la premiére ?

Faites-nous donc connoître que vous vous rendez à nos défirs. Votre retraite ceffe auffitôt. On oublie toutes vos refiftances paffées. Nous nous reverrons tous heureux, dans vous, & les uns dans les autres. Vous pouvez defcendre à ce moment dans le cabinet de votre papa, où vous nous trouverez tous deux ; & où nous vous donnerons notre avis fur les étoffes, avec les marques d'une cordiale tendreffe & notre bénédiction.

Soiez une fille honnéte & fenfible, ma chere Clariffe, telle que vous l'avez toujours été. Votre derniére conduite & le peu d'efpoir que diverfes perfonnes ont de votre changement, ne m'ont point empêchée de faire encore cette tentative en votre faveur. Ne trahiffez pas ma confiance, très-chere fille. J'ai promis de ne plus emploier ma médiation entre votre pere & vous, fi cette derniére entreprife eft fans fuccès. Je vous attens donc, mon amour. Votre papa vous attend auffi. Mais tâchez de ne lui laiffer voir aucune trace de chagrin fur votre vifage. Si vous venez, je vous ferrerai dans mes bras & fur mon tendre cœur, avec autant de plaifir que j'en aie jamais eu à vous embraffer. Vous ne favez pas, ma fille, tout ce que j'ai fouffert depuis quelque femaines ; & vous ne le concevrez un jour que lorfque vous vous trouverez dans ma fituation. C'eft celle d'une mere tenire & indulgente, qui adreffe nuit & jour fes priéres au ciel, & qui s'efforce, au milieu du trouble, de conferver la paix & l'union dans fa famille.

Mais vous connoiſſez les conditions. Ne venez point, ſi vous n'êtes pas reſolue de les accomplir. C'eſt ce que je crois impoſſible après tout ce que je viens d'écrire.

Si vous venez immédiatement, avec un viſage tranquille, qui faſſe connoître que votre cœur eſt rangé au devoir (vous m'avez aſſurée qu'il étoit libre : ſouvenez-vous en) je ſerai, comme je l'ai dit, & je vous témoignerai, par les plus tendres marques, que je ſuis, *votre mere véritablement affectionnée.*

Jugez, très-chere amie, combien je dois avoir été touchée d'une lettre, où de ſi terribles déclarations ſont accompagnées de tant de tendreſſe & de bonté! Helas! me ſuis-je écriée, pourquoi me vois je condamnée à des combats ſi rudes, entre un ordre auquel je ne puis obéir & un langage qui me pénétre le cœur! Si j'étois ſure de tomber morte au pied de l'autel avant qu'une fatale cérémonie puiſſe donner à l'homme que je hais des droits ſur mes ſentimens, je crois que je me ſoumettrois à m'y laiſſer conduire, Mais penſer à vivre avec un homme & pour un homme qu'on ne peut ſouffrir, quel comble d'horreur!

Et puis, comment ſuppoſe-t'on que l'é-

clat des habits & des ornemens soit capable de faire quelque impression sur
une fille qui a toujours eu pour principe,
que l'unique vûe des femmes, dans le
soin qu'elle prennent de leur parure, doit
être de se conserver l'affection de leur
mari, & de faire honneur à son choix ?
Dans cette idée, la richesse même des
ajustemens qui me sont offerts ne doit-
elle pas augmenter mes dégoûts ? Grand
motif en vérité, pour se parer, que
celui de plaire à M Solmes !

En un mot, il ne m'a point été possible
de descendre, aux conditions qui m'é-
toient imposées. Croyez-vous, ma chere,
que je l'aie pû ! D'écrire, en supposant
même qu'on m'eût fait la grace de lire
ma lettre, qu'aurois-je écrit après tant
d'éffort inutiles ? qu'aurois-je offert qui
pût être approuvé? J'ai promené les tour-
mens de mon cœur dans toutes les parties de ma chambre. J'ai jetté avec de-
dain les échantillons vers la porte. Je me
suis enferm e dans mon cabinet ; j'en
suis sortie aussitôt. Je me suis assise, tantôt sur une chaise, tantôt sur une autre ;
je me suis approchée successivement de
toutes m fenétres ; je ne pouvois m'ar-
r ter à rien. Dans cette agitation, je
prenois la lettre pour la relire ; lorsque

Betty, chargée des ordres de mon pere & de ma mere, est venue m'avertir qu'ils m'attendoient tous deux dans le cabinet de mon pere.

Dites à ma mere, ai-je répondu à Betty, que je demande en grace de la voir ici un moment, ou de pouvoir l'entretenir seule dans le lieu qu'elle voudra choisir. Tandis que cette fille m'obéïssoit sans repliquer, j'ai prêté l'oreille, du haut de l'escalier, & j'ai entendu mon pere qui disoit d'un ton fort élevé; vous voiez le fruit de votre indulgence. C'est autant de bontés perdues. Que sert de reprocher de la violence à votre fils, lorsqu'il n'y a rien à se promettre que par cette voie? Vous ne la verrez pas seule. Ma présence est-elle donc une exception que je doive souffrir?

Representez lui, a dit ma mere a Betty, sous quelles conditions il lui est permis de descendre. Je ne la verrai point autrement. Betty est remontée avec cette reponse. J'ai eu recours à ma plume. Mais j'étois si tremblante, qu'à peine avois-je la force de m'en servir; & quand j'aurois eu la main plus ferme, je n'aurois pas su ce que je devois écrire. Betty, qui m'avoit quittée, est revenue dans l'intervalle, pour m'apporter ce billet de mon pere.

Rebelle & perverfe Clary, je vois qu'il n'y a point de condefcendance qui foit capable de vous toucher. Votre mere ne vous verra point. Efpérez encore moins de me voir. Mais préparez-vous à l'obéïffance. Vous connoiffez nos volontés : votre oncle Antonin , votre frere , votre fœur & votre favorite Madame Norton , affifteront à la cérémonie , qui fera célébrée à petit bruit dans la chapelle de votre oncle. Lorfque M. Solmes pourra vous préfenter à nous dans l'état où nous fouhaitons de vous voir , peut-être ferons nous grace à fa femme ; mais n'en attendez jamais fous la qualité d'une fille perverfe. La célébration fe faifant en fecret , il fera tems enfuite de penfer aux habits & à l'équipage. Ainfi difpofez-vous à vous rendre chez votre oncle , un des premiers jours de la femaine qui vient. Vous ne paroîtrez devant nous qu'après la conclufion ; & c'eft une raifon de plus pour bannir les délais, car nous fommes las du foin de vous garder dans une prifon que vous avez méritée , & de perdre le tems à difputer avec une rebelle. Je n'écoûte plus de repréfentations. Je ne reçois plus de lettres J'ai l'oreille fermée à toutes les plaintes. Et vous n'entendrez plus parler de moi, jusqu'à ce que vous me soiez présentée sous un autre nom : c'est la derniére déclaration d'un pere irrité.

Si cette résolution est inébranlable, mon pere a raison, ma chere, de dire qu'il ne me verra plus, car je ne serai jamais la femme de Solmes. Comptez que la mort m'épouvante beaucoup moins.

Mardy au soir.

L Ui, cet odieux Solmes, est arrivé au Château, presqu'au moment que j'ai reçu la lettre de mon Pere. Il m'a fait demander la permission de me voir. Je suis extrêmement étonnée de cette audace !

J'ai répondu à Betty, qui étoit chargée du méssage : qu'il commence par me rendre un pere & une mere qu'il m'a fait perdre, & j'examinerai alors si je dois entendre ce qu'il veut de moi. Mais si mes amis refusent de me voir à son occasion, je le verrai encore moins pour l'amour de lui même. J'espére, Miss, m'a dit Betty, que vous ne voudriez pas que je descendisse avec cette reponse ; il est avec Monsieur & Madame. Allez, lui ai je repété dans mon chagrin , & dites lui que je ne le verrai pas : on me pousse au désespoir ; je n'ai rien à craindre de pis.

Elle est descendue , en affectant beaucoup de repugnance à se charger de ma reponse. Cependant elle l'a rendue dans toute sa force. Quel bruit j'ai entendu faire à mon pere ! Ils étoient tous ensemble dans son cabinet. Mon frere a proposé de me mettre sur le champ hors de la maison , & de m'abandonner à Lovelace & à ma mauvaise destinée ! Ma mere a eu la bonté de hazarder quelques mots en ma faveur , sans que j'aie bien pû les entendre ; mais voici la reponse : ma chere , rien n'est si picquant que de voir prendre le parti d'une rebelle à une femme aussi sensée que vous. Quel exemple pour d'autres enfans ! N'ai-je pas eu pour elle autant d'affection que vous? Et pourquoi suis je changé ? Plût au Ciel que votre sexe fût capable de quelque discernement ! Mais la folle tendresse des meres n'a jamais fait que des enfans endurcis.

Ma mere n'a pas laissé de blamer Betty , comme cette créatute me l'a confessé elle-même , d'avoir rapporté mot pour mot ma reponse ; mais mon pere lui en a fait un sujet d'éloge.

Cette fille dit qu'il seroit monté en fureur à ma chambre, après avoir entendu que je refuse de voir M. Solmes; si mon frere & ma sœur ne l'avoient engagé à se modérer.

Que n'est-il monté ! Que ne m'a-t'il tuée, pour finir toutes mes peines ! Je n'y regreterois que le mal qu'il auroit pû se faire à lui-même.

M. Solmes a daigné plaider pour moi. Ne lui suis-je pas extrémement obligée ?

Toute la maison est en tumulte. Je ne sais quelle en sera la fin. Mais en vérité, je suis lasse de la vie. Helas ! si heureuse il y a quelques semaines, & si misérable aujourd'hui ! Ma mere pouvoit bien le dire, que j'aurois de rudes épreuves à essuier !

P. S.

L'imbecille (car voila comme je suis traitee) est demandée, comme par grace, pour une autre sorte d'épreuve. Mon frere & ma sœur désirent qu'on me remette entiérement à leur conduite. On m'assure que mon pere y a déja consenti, quoique ma mere s'y oppose encore. Mais s'ils l'obtiennent, quelle cruauté ne dois-je pas attendre de leur haine & de leur jalousie ? Cet avis m'est venu de ma cousine *Dolly Hervey* , par un billet qu'elle a laissé tomber au jardin , sur mon passage. Elle me dit qu'elle brûle de me voir , mais que la défense est expresse , avant que je sois Madame Solmes, ou que j'aie consenti à prendre ce beau nom. Leur persevérance me donne l'exemple ; & je le suivrai , n'en doutez pas.

LETTRE XLII.

Miss Clarisse Harlove , à Miss Howe.

IL s'est passé une scene fort vive , ou plutôt une vraie scéne d'injures entre ma sœur & moi. Auriez-vous crû , ma chere , que je fusse capable de dire des injures ?

Elle m'a été envoiée , sur le refus que j'ai fait de voir M. Solmes. C'est une furie, je pense, qu'on a lâchée sur moi. Idées de paix & de conciliation , vaine espérance dont je m'étois flattée ! Je vois bien que du consentement de tout le monde je serai abandonnée à elle & à mon frere.

Dans tout ce qu'elle a dit contre moi ,

je veux rendre justice à ce qui a quelque
apparence de force. Comme je ne demande votre jugement que sur des faits,
ma cause seroit fort suspecte à mes propres yeux, si je m'éfforçois de tromper
mon Juge.

Elle a commencé par me représenter
à quel danger j'étois exposée, si mon
pere étoit monté à ma chambre, comme
il y étoit resolu. Je devois, entr'autres,
des remercimens à M. Solmes, qui l'en
avoit empêché. Elle a fait tomber quelques réflexions malignes sur Madame
Norton, qu'elle soupçonne de m'avoir
encouragée dans mon opiniârreté. Elle a
tourné en ridicule mon estime supposée
pour Lovelace. Sa surprise étoit extrême
de voir la spirituelle, la prudente, &
m me la pieuse Clarisse Harlove, si pas-
sionée pour un infame débauché, que
ses parens se trouvoient obligés de la tenir renfermée, pour l'empêcher de cou-
rir entre les bras de cet indigne amant.
Que je vous demande, ma chere, m'a-
t'elle dit, quel ordre vous mettez à présent dans la disposition de votre tems;
combien d'heures, dans les vingt-quatre,
vous donnez à votre aiguille, combien
à vos exercices de piété, combien à vos
correspondances de lettres, & combien

à vos amours. Je me doute, je me doute, ma chere petite, que ce dernier article, semblable a la verge d'Aaron, abforbe tout le refte. Parlez ; n'eft-ce pas la vérité ?

Je lui ai repondu, que c'étoit une double mortification pour moi de dévoir ma fureté contre l'indignation de mon pere, à un homme pour lequel je ne ferois jamais capable d'aucun fentiment de reconnoiffance. J'ai apporté toute la chaleur que ie devois, à juftifier le caractère de Madame Norton ; & je n'en ai pas mis moins dans ma reponfe à fes injurieufes reflexions, fur l'article de M. Lovelace. A l'égard de l'emploi que je fais de mes vingt-quatre heures, je lui ai dit, qu'il auroit été plus digne d'elle d'accorder toute fa compaffion à l'infortune d'une fœur, que de s'en faire un triomphe ; fur tout lorfque je n'avois que trop de raifon d'attribuer une grande partie de mes difgraces à l'emploi qu'elle faifoit elle - même d'une partie de fes heures de veille.

Ce dernier trait l'a piquée jufqu'au vif. Je me fuis apperçue qu'elle fe faifoit violence, pour me rappeller d'un ton moderé la douceur avec laquelle j'avois été traitée par tous mes amis, ma mere particuliérement, avant l'extrêmité où les chofes étoient parvenues. Elle m'a dit, que je m'étois fait connoître par des qualités dont on ne m'auroit jamais foupçonnée ; que fi l'on m'eût connue pour une championne fi brave, perfonne n'auroit eu la hardieffe de fe méfurer avec moi ; mais que malheureufement l'affaire étoit trop engagée : qu'il étoit queftion de favoir lequel devoit l'emporter, de l'obéiffance ou de la revolte, & fi l'autorité d'un pere devoit céder à l'obftination d'une fille ; en un mot, qu'il falloit *plier ou rompre*.

Dans une occafion moins trifte, lui ai-je dit, je m'abandonnerois volontiers comme vous à cette légere plaifanterie. Mais fi M. Solmes a tant de mérite au jugement de tout le monde & particuliérement au votre, pourquoi ne m'en feroit-on pas un beau-frere plutôt qu'un mari ?

O fa pauvre enfant ! Elle s'imaginoit de bonne foi, que j'étois auffi plaifante qu'elle-même. Elle commençoit à bien efpérer de moi. Mais pouvois-je penfer qu'elle voulût dérober à fa fœur un amant fi foumis ? Si fes prémiers foins euffent été pour elle, il y auroit eu quelque juftice dans cette idée. Mais prendre le refus d'une fœur cadette ! Non non, mon enfant ; c'eft de quoi il n'eft pas
queftion,

queſtion. D'ailleurs ce ſeroit ouvrir la porte de votre cœur, vous ſavez à qui; & nous cherchons au contraire à la fermer, s'il eſt poſſible. En un mot, (changeant ici de ton & de contenance) ſi j'avois marqué autant d'empreſſement qu'une jeune perſonne de ma connoiſſance, à me jetter entre les bras d'un des plus grands libertins d'Angleterre, qui eût entrepris de faire reuſſir ſes prétentions au prix du ſang de mon frere, je ne ſerois pas étonnée de voir toute ma famille réunie pour m'arracher à ce miſérable, & pour me marier promptement à quelque honnête homme qui ſe préſenteroit à propos dans la même occaſion. Voila, Clary, de quoi il eſt queſtion; & ne vous fatiguez pas à l'expliquer autrement.

Un diſcours ſi outrageant ne méritoit-il pas une vive reponſe? Dites, ma chere, qu'il la méritoit; pour juſtifier la mienne. Helas! ma pauvre ſœur! lui ai je dit; l'homme dont vous parlez n'a pas toujours paſſé pour un ſi grand libertin. Qu'on a raiſon de dire, que l'amour mal reconnu ſe change en haine!

J'ai crû qu'elle alloit me battre. Mais je n'ai pas laiſſé de continuer froidement: on me parle ſouvent du péril où mon frere est exposé, & du meurtrier de mon frere : lorsqu'on fait si peu de façon avec moi, pourquoi ne m'expliquerois-je pas librement ? N'est-ce pas mon frere qui a cherché l'autre, & qui l'auroit tué s'il l'avoit pû ? Lui auroit-il donné la vie, s'il avoit dépendu de lui de la lui ôter ? Ce n'est point à l'agresseur qu'il convient de se plaindre. A l'égard des choses *qui sont présentées à propos*, plût-au-Ciel, que certaines propositions l'eussent été ! Ce n'est pas ma faute, Bella, si l'homme qui seroit à *propos*, ne juge plus à *propos* de se présenter pour vous.

Auriez-vous marqué plus de fermeté, ma chere, & n'êtes-vous pas surprise que je m'en sois trouvé tant ? Je m'attendois à voir tomber sa main sur moi. Elle l'a tenue quelque tems levée, & la colere étouffoit sa voix : ensuite se précipitant vers la porte, elle a descendu la moitié de l'escalier. Mais elle est remontée sur ses pas ; & lorsqu'elle a pû parler, elle a invoqué le Ciel, pour lui demander de la patience. *Amen*, ai-je dit. Mais vous voiez, Bella, que vous ne prenez pas tranquillement une replique que vous vous êtes attirée. Etes-vous capable de me pardonner ? Rendez moi ma sœur ; & je regreterai beaucoup ce que j'ai dit, si vous en êtes offensée.

Sa violence n'a fait qu'augmenter. Elle a regardé ma modération comme une espéce de triomphe sur son emportement. Elle étoit resolue, m'a-t'elle dit, de faire connoître à tout le monde que je prenois parti contre mon frere pour le misérable Lovelace.

Je lui ai repondu assez malignement, que j'aurois souhaité de pouvoir alleguer pour ma défense ce qu'elle pouvoit dire pour la sienne; qu'à la vérité, ma colé e étoit plus inexcusable que mes jugemen.

Mais, ne pouvant croire que sa visite n'eût pas d'autre motif que ce qui s'étoit passé jusqu'alors entre nous, je l'ai priée de me déclarer naturellement si elle avoit quelque proposition à me faire que je pusse entendre avec plaisir, quelque chose à me dire qui pût me donner l'espérance de retrouver une amie dans ma sœur.

Elle étoit venue au nom de toute la famille, a-t'elle repris d'un air imposant, pour savoir de ma propre bouche, si j'étois enfin déterminée à l'obéïssance. Un mot suffisoit; elle ne me demandoit qu'oui ou non; on n'étoit pas disposé à prendre plus longtems patience avec une créature si perverse.

Eh bien! lui ai-je dit, je promets de

vant Dieu, de rompre abſolument avec l'homme qui vous déplait à tous, ſous la ſeule condition qu'on ne me faſſe point un devoir d'accepter M. Solmes ni d'autre homme.

Qu'offrois-je de plus que ce que j'avois déja offert? La différence n'étoit que dans l'expreſſion. Je prenois donc les autres pour autant d'hebétés, que je croiois pouvoir tromper par de ſpécieuſes promeſſes ?

Si je connoiſſois d'autres propoſitions, qui puſſent ſatisfaire tout le monde & me délivrer d'un homme qui me ſera tou-jours inſuportable, je ne balancerois pas à les emploier. Il eſt vrai que j'ai déja offert de ne me marier jamais ſans le con-ſentement de mon pere.....

Elle m'a interrompue : vous comp-tiez ſur vos artifices, pour amener mon pere & ma mere à votre but.

Triſte ſujet de confiance ! lui ai-je dit; & perſonne ne devoit connoître mieux qu'elle, ceux qui étoient capables de s'y oppoſer.

Elle ne doutoit pas que je ne les euſſe liés tous à mon char, ſi l'on ne m'avoit ôté la liberté de les voir & de les ſéduire par mes jolis tours d'adreſſe.

Du moins, Bella, vous m'apprenez à juger de ceux que je dois accuſer du traiment que j'essuie. Mais en vérité vous en faites des gens bien foibles. Une personne indifférente, qui jugeroit de vous & de moi par vos discours, me prendroit pour une créature extrémement artificieuse, où vous, pour une personne d'un bien mauvais caractère.

Oui, oui, vous êtes une artificieuse créature; & une des plus artificieuses que j'aie jamais connues. De-là, elle s'est jettée dans un détail d'accusations si basses! si indignes d'une sœur! Elle m'a reproché d'avoir *enforcelé* tout le monde, c'est son expression, par mes maniéres flateuses & insinuantes; d'attirer sur moi toute l'attention dans les lieux où je parois avec elle. Commbien de fois, m'a-t'elle dit, lorsque nous nous sommes trouvés, mon frere & moi, dans une compagnie où l'on nous écoutoit avec complaisance, n'étes-vous survenue, avec vos orgueilleux airs de modestie, que pour nous dérober la considération qu'on avoit pour nous? Il n'étoit plus question de vos aînés; c'étoit à l'opinion de Miss-Clarisse qu'on s'en rapportoit. Il falloit nous taire, ou parler sans être écoutés.

Elle s'est arrêtée, comme pour reprendre haleine. Continuez, cher Bella !

Oui , je continuerai. N'avez-vous pas *enforcelé* mon grand-pere ? Se plaifoit-il à quelque chofe qui ne fût pas forti de votre bouche ou de vos mains. Le bon vieux radoteur ! comment ne le teniez-vous pas fufpendu à votre langue dorée? Et que difiez-vous , néanmoins, que faifiez vous , qu'on n'eût pû dire & faire auffi - bien que vous ? Son teftament fait affez voir combien vos artifices l'a-voient féduit. Oter à fes propres fils tout fon bien d'acquifition , pour le donner à une petite fille , & au plus jeune encore de fes petis enfans ! vous donner tous les tableaux de famille, parce qu'il vous entendoit faire la connoiffeufe en peinture , & qu'il vous voioit nétoier de vos belles mains les portraits de vos aieux , quoique vous fuiviez fi mal leurs exemples ! Vous laiffer une quantité de vaiffelle d'argent qui fuffiroit pour deux ou trois groffes maifons ; & défendre qu'elle foit changée , parce que *fon pré-cieux enfant* (*) n'avoit d'admiration que pour l'ancien goût !

Ces reproches étoient trop méprifables pour me picquer. Ma pauvre fœur ! eft-il poffible , lui ai je dit, que vous dif-

____

(*) Allufion aux termes du teftament , qu'on a rap-porté.

tinguiez si mal entre l'art & la nature ?
Si j'ai obligé quelqu'un, je m'en suis fait
un bonheur ; & je n'ai pas cherché d'autre recompense. Mon ame est au-dessus
de l'art & des sordides motifs que vous
m'attribuez. Que de raisons n'ai-je pas
de souhaiter, que mon grand pere n'eût
jamais pensé à m'accorder des distinctions ! Mais il a vû mon frere ample-
ment pourvû, par des donations étran-
geres & par ses droits naturels ; il a souhaité que les biens qu'il a repandus sur
moi devinssent une raison pour vous faire
obtenir la meilleure part aux faveurs de
mon Pere, & je ne doute pas que vous
ne vous y attendiez tous deux. Vous
savez, Bella, que la terre que mon
grand-pere m'a leguée ne fait pas la moitié du bien réel qu'il a laissé.

Quelle comparaison, a repliqué ma
sœur, entre des espérances & une ac-
tuelle possession; accordée d'ailleurs avec
des distinctions qui vous ont fait plus
d'honneur que la grandeur même du
présent.

C'est apparemment, Bella, ce qui
a causé mon infortune en excitant votre
jalousie. Mais n'ai-je pas abandonné
cette possession de bonne grace ?

Oui, a-t'elle interrompu, & je te

trouve encore plus artificieuſe dans la
maniére.... On n'auroit jamais pénétré
vos deſſeins juſqu'au fond , ſi l'on n'avoit
trouvé le moien de vous tenir un peu à
l'écart & de vous reduire à des déclarations poſitives ; ſi l'on ne vous avoit ôté
celui de faire iouer vos petits reſſorts,
de vous entortiller, comme un ſerpent,
autour de votre mere, & de la faire pleurer de la néceſſité même de vous refuſer
quelque choſe dont votre petit cœur
obſtiné s'eſt une fois rempli.

Mon cœur obſtiné ! y penſez - vous
Bella ?

Oui, obſtiné ; car avez - vous jamais
ſçu ce que c'eſt que de céder ? N'avez-
vous pas toujours eu l'art de faire croire
que tout ce que vous demandiez étoit
juſte ; tandis que mon frere & moi nous
avions ſouvent le chagrin de nous voir
refuſer des faveurs fort légéres.

Je ne me ſouviens point, Bella , d'a-
voir jamais rien demandé qu'il ne con-
vint pas de m'accorder. Et mes déman-
des ont été rares pour moi même ; quoiqu'elles l'aient été moins pour d'autres.

Qu'il y avoit de méchanceté dans mes
réflexions !

Tout ce que vous dites , Bella , regarde un tems fort ancien : je ne puis

remonter ſi loin , juſqu'aux folies de notre enfance ; & je ne me ſerois pas imaginée que les marques recentes de votre averſion vinſſent d'une ſource ſi éloignée.

Elle m'a reproché encore un excès de malignité , une inſolente apparence de modération ; du venin caché dans mes moindres paroles. O Clary ! Clary ! tu n'as jamais été qu'une fille à deux faces !

Perſonne , lui ai-je dit , n'a jugé que je fuſſe *une fille à deux faces* , lorſque j'ai tout abandonné à la diſpoſition de mon pere , & qu'avec un revenu ſi conſidérable , je me ſuis contentée, comme auparavant , de la petite penſion qu'il me fait ; ſans déſirer la moindre augmentation.

Oui , ruſée créature, c'eſt encore un de vos artifices. N'avez vous pas prévû qu'un excellent pere ſe croiroit engagé par ce reſpect & ce déſintéreſſement affectés , à mettre en reſerve tout le produit de vos revenus, & qu'il n'exerceroit ainſi que l'office de votre Intendant ; tandis qu'il ne ceſſeroit pas de vous faire votre penſion domeſtique ? Autre de vos ruſes , Miſs Clary. Il arrive de-là que toutes vos extravagantes dépenſes ne vous ont rien coûté du votre.

K v

Mes extravagantes dépenfes, Bella ! Mon pere m'a-t'il jamais rien donné de plus qu'à vous ?

Non, j'en conviens; je vous ai l'obligation d'avoir obtenu, par cette voie, plus que ma confcience peut - être ne m'auroit permis de demander. Mais j'en pourrois montrer encore la plus grande partie. Et vous ? Que vous en refte-t'il ? je parierois que vous n'avez pas cinquante guinées de refte.

Il eft vrai, Bella, que j'aurois peine à montrer cette fomme.

Oh ! J'en fuis bien fure. Je fuppofe que votre Maman Norton.... Mais paix là-deffus.

Indigne Bella! cette vertueufe femme, toute malheureufe qu'elle eft du côté de la fortune, a l'ame véritablement noble; plus noble, que ceux qui feroient capables de lui imputer la moindre baffeffe de fentimens.

Qu'avez-vous donc fait de toutes les fommes qu'on vous a laiffée diffiper depuis votre enfance ? Lovelace, votre libertin, vous en feroit-il l'intérêt ?

Pourquoi fuis - je obligée de rougir pour ma fœur ? Cependant, Bella, vous ne vous trompez point : je compte fur l'intérêt de mon argent, & fur l'intérêt de l'intérêt. Je le crois mieux placé que dans la roüille d'un cabinet.

Elle m'entendoit, m'a-t'elle repondu. Si j'eusse été d'un autre sexe, elle auroit supposé que je pensois à briguer les suffrages du canton. La popularité, le plaisir de me voir environnée, à la porte de l'Eglise, par une foule de misérables, étoient un attrait charmant pour mes yeux. Les applaudissemens qui retentissent au loin, quel charme pour mon imagination romanesque ! Je ne tenois pas *ma lumière cachée sous le boisseau*, c'étoit dequoi elle pouvoit me repondre. Mais n'étoit il pas un peu dur pour moi de me voir privée, le Dimanche, de la satisfaction de briller à l'Eglise, & d'être obligée d'interrompre mes charitables ostentations ?

En vérité, Bella, cette raillerie est cruelle de votre bouche, après la part que vous avez eue au traitement que j'essuie. Mais continuez ; l'haleine vous manquera bientôt. Je ne puis désirer de pouvoir vous rendre outrage pour outrage.... Pauvre Bella ! Ici, ma chere Miss Howe, je crois avoir souri, d'un air un peu trop méprisant pour une sœur.

Elle a levé la voix. Point d'insolens mépris ; point de *pauvre Bella*, avec cet air de supériorité dans une sœur cadette.

Eh bien donc , *riche Bella* , en lui faisant une profonde revérence. Ce nom vous plaira davantage , & convient mieux en effet à cet amas d'or dont vous faites gloire.

Voyez-vous , Clary , (tenant la main levée) si vous n'êtes pas un peu plus humble dans votre modération , un peu plus reservée dans votre langage , & si vous oubliez le respect que vous devez à une sœur aînée , vous éprouverez . . . . .

Quoi ? Bella , un traitement pire que celui dont je vous ai déja l'obligation ? C'est ce que je crois impossible : à moins que cette main levée ne tombe sur moi ; & c'est un excès auquel il vous conviendroit moins de vous livrer qu'à moi de le souffrir.

Elle a paru confuse de son emportement. Mais , en s'efforçant de se remettre ; bonne & docile créature ! a-t'elle dit avec un sourire amére. Ensuite changeant de propos , elle m'a priée de me souvenir que nous avions été sur les ouvertures; que tout le monde seroit surpris qu'elle tardat si longtems ; qu'on s'imagineroit qu'il y avoit quelque chose à se promettre de moi;enfin que le souper n'étoit pas éloigné.

Je n'ai pû retenir quelques larmes. Que

j'étois heureufe, ai-je dit en foupirant lorfque les refolutions d'autrui & les miennes ne m'empéchoient pas de defcendre à l'heure du fouper, & de jouir du plus doux plaifir de ma vie dans l'entretien de mon pere, de ma mere, & de mes meilleurs amis !

Cette reflexion, échappée à la force du fentiment, n'a fervi qu'à m'attirer une nouvelle infulte. La nature n'a pas donné un cœur fenfible à Bella. Elle n'eft pas capable des grandes joies de la vie. J'avoue que fa dureté la garantit de bien des peines : cependant, pour en éviter dix fois plus, je ne confentirois pas à perdre les plaifirs dont cette fenfibilité de cœur eft la fource.

Elle m'a dit qu'avant que de fe retirer, elle vouloit favoir, pour mon intérêt, quel témoignage elle devoit rendre de mes difpofitions. Vous pouvez affurer, lui ai-je repondu tranquillement, que je me foumets à tout ; fans autre exception, que celle qui regarde M. Solmes.

C'eft ce que vous défirez à préfent, Clary, pour vous avancer à la fape, (d'où prend elle fes expreffions ?) Mais l'autre homme n'entrera-t'il pas en fureur & ne rugira-t'il pas horriblement, lorfqu'il verra fortir de fes griffes une proie dont il fe croioit fur.

Il faut souffrir votre langage ; sans quoi nous ne parviendrons jamais à rien d'éclairci. Je ne m'embarasserai point de ce que vous appellés ses rugissemens. Je lui promettrai, que si je me marie jamais, ce ne sera point avant qu'il soit marié lui-même : s'il n'est pas satisfait de cette condescendance, je penserai qu'il le doit être ; & je donnerai toutes les assurances qu'on exigera, de ne jamais le voir, & de n'entretenir aucune correspondance avec lui. Assurement ces offres seront approuvées

Mais je suppose qu'alors vous aurez la complaisance de voir M. Solmes, & de converser civilement avec lui, dumoins comme avec un ami de mon pere.

Non : je compte qu'il me sera permis de me retirer dans mon appartement lorsqu'il paroîtra ; je n'aurai pas plus de conversation avec l'un que de correspondance avec l'autre. Ce seroit donner occasion à M. Lovelace de se rendre coupable de quelque témérité, sous prétexte que je n'aurois rompu avec lui que pour me donner à M. Solmes.

Ainsi, vous avez accordé tant d'empire sur vous à ce misérable, que la crainte de l'offenser vous empéchera de traiter civilement les amis de votre pere dans sa propre maifon ! Lorfque cette condition fera préfentée, daignez me dire ce que vous en pouvez attendre.

Tout, ou rien, lui ai-je repondu, fuivant le tour qu il lui plairoit de donner à fon recit. Aiez la bonté, Bella, de lui en donner un favorable : dites que j'abandonnerai à mon pere, dans toutes les formes, à mes oncles & même à mon frere, les droits dont j'ai l'obligation au teftament de mon grand pere ; comme une fureté pour l'exécution de mes promeſſes. N'aiant rien à efpérer de mon pere, fi je les viole, il ne fera plus à craindre que perfonne veuille de moi pour fa femme. Bien plus, malgré les mauvais traitemens que j'ai reçus de mon frere, je l accompagnerai fecretement en Ecoffe, pour lui fervir de femme de charge ; à la feule condition qu'il n'en ufera pas plus mal avec moi qu'avec une femme à gages ; ou, fi notre coufin Morden s'arrête plus longtems en Italie, j'irai volontiers le joindre à Florence : & dans l'un de ces deux cas, on publiera que j'ai choifi l'autre, ou que je fuis allée au bout du monde ; car il m'importe peu dans quel lieu l'on dife que je fuis allée ou que je dois aller.

Je n'ai qu'une demande à vous faire,

mon enfant : donneriez - vous ces jolies propofitions par écrit ?

Oui , de tout mon cœur. Et je fuis paffée dans mon cabinet, où non-feulement j'ai reduit tous ces articles en peu de mots, mais j'y ai joint quelques lignes pour mon frere, par lefquelles « je » lui témoignois un vif regret de l'avoir » offenfé ; je le fuppliois d'appuier mes » propofitions de fon crédit, & de dreffer lui - même un engagement qui fût » capable de me lier ; je lui difois, qu'il » avoit plus de pouvoir que perfonne, » pour me reconcilier avec mon pere & » ma mere, & que je lui ferois obligée » toute ma vie , s'il vouloit que je fuffe » redevable de cette grace à l'amitié » fraternelle.

Comment croiez-vous que ma fœur ait paffé le tems, pendant que je l'emploiois à écrire ? A promener fes doits fur mon claveffin, en s'accompagnant doucement de la voix , pour marquer fon indifférence.

Lorfque je me fuis approchée d'elle avec mon écrit, la cruelle s'eft levée d'un air léger : vous n'avez pas encore fini , ma chere ? Oh, cela eft fait, j'en fuis fure. Quelle facilité à fe fervir de fa plume ! Eh m'eft-il permis de lire ?

S'il vous plaît, Bella.

Après avoir lû, elle a fait un éclat de rire affecté. Comme les grands esprits se laissent prendre ! Vous n'avez donc pas vû, Clary, que je me mocquois de vous ? Et vous voudriez que je descendisse avec cette belle piéce, où je ne trouve pas le sens commun ?

Vous ne m'en imposerez pas, Bella, par ces apparences de dureté. Elles ne peuvent être serieuses. Il y auroit trop peu d'esprit dans une raillerie de cette nature.

Quel excès de folie ! une tête fortement prévenue s'imagine que tout le monde ne voit que par ses yeux. Mais de grace, mon cher enfant, que devient l'autorité de votre pere ? Qui cede ici, du pere ou de la fille ? Comment ajustez-vous ces belles offres avec les engagemens qui existent entre votre pere & M. Solmes ? Quelle certitude que votre libertin ne vous suivra pas *jusqu'au bout du monde* ? Reprens, reprens ton écrit, ma chere ; place-le sur ton cœur amoureux, & n'espére pas que je veuille apprêter à rire en me laissant prendre à tes ridicules promesses. Je te connois trop bien. Et jettant le papier sur ma toilette, elle s'est enfuie avec un autre éclat de rire. Mépris pour mépris, a-t’elle ajoûté en paſſant devant moi ; voilà pour vos *pauvres Bel a.*

Je n’ai pas laiſſé de renfermer ce que j’avois écrit, dans un nouveau billet pour mon frere, où je lui ai tracé en peu de mots la conduite de ma ſœur ; dans la crainte que ſa paſſion l’aiant empéchée de bien prendre mes idées, elle ne les repré-ſentât ſous un autre jour qu’elles ne me ſembloient le mériter. La lettre ſuivante eſt une reponſe à mon billet, qui m’a été rendue lorſque j’étois prête à me mettre au lit. Mon frere n’a pû prendre ſur lui d’attendre juſqu’à demain

A Miſs Clarisse Harlove.

IL eſt étonnant que vous ayez la har-dieſſe de m’écrire, vous qui vuidés continuellement ſur moi votre *Carquois femelle.* Je ne me poſſéde pas, en appre-nant que vous me reprochez d’être l’a-greſſeur, dans une querelle qui doit ſon origine à ma conſidération pour vous.

Vous avez fait des aveux, en faveur d’un infame, qui devroient porter tous vos proches à vous abandonner éternelle-ment. Pour moi, je n’ajouterai iamais foi aux promeſſes d’une femme, qui prend des engagemens contraires à des inclinations avouées." Le feul moien de prévénir votre ruine , eft de vous ôter le pouvoir de vous perdre vous-même. Mon intention n'étoit pas de vous repondre ; mais l'exceffive bonté de votre fœur a prévalu fur moi. A l'égard de votre voiage en Ecoffe , le jour de grace eft paffé. Je ne vous confeille pas non plus d'aller recommencer , auprès de M. Morden , le rôle que vous avez joué chez votre grandpere. D'ailleurs un fi galant homme pouroit fe trouver engagé dans quelque difpute fatale , à votre occafion ; & vous l'accuferiez d'être l'agreffeur.

La belle fituation où vous vous êtes jettée ! qui vous fait propofer de prendre la fuite pour vous dérober à votre libertin , & d'emploier le menfonge pour vous cacher. A ce compte , votre chambre eft le plus heureux azile qu'on ait pû trouver pour vous. La conduite de votre *Brave* , lorfqu'il eft venu vous chercher à l'Eglife , marque affez le pouvoir qu'il a fur votre cœur , quand vous n'en auriez pas fait honteufement l'aveu.

Je n'ajoute qu'un mot. Si pour l'honneur de la famille je ne réuffis pas à vous faire plier , ma réfolution eft de me retirer en Ecoffe , & de ne voir de ma vie aucun de nos parens communs ,

JAMES HARLOVE.

Voilà un frere : voilà ce qu'on appelle du respect ardent pour un pere, une mere & des oncles ! Mais il se voit traité en homme d'importance , & ses airs répondent à l'opinion qu'on a de lui.

LETTRE XLIII.

Miss CLARISSE HARLOVE *, à Miss* HOWE.

Mercredi matin à 9 heures.

MA tante Hervey, qui a passé la nuit au Château, sort à ce moment de ma chambre. Elle y est venue avec ma sœur. On n'a pas jugé à propos de lui accorder cette liberté sans un tel témoin. Lorsque je l'ai vûe paroître , je lui ai dit que sa visite étoit une extréme faveur pour une malheureuse prisonniére. Je lui ai baisé la main. Elle a eu la bonté de m'embrasser , en me disant; pourquoi cette distance , ma chere niéce , avec une tante qui vous aime si tendrement ?

Elle m'a déclaré , qu'elle venoit s'expliquer avec moi , pour le repos de la famille; qu'elle ne pouvoit se persuader que si je ne m'étois pas crue traitée avec rigueur, moi qui avois toujours été d'un naturel ſi doux, j'euſſe reſiſté avec cette conſtance aux ordres de mon pere, & aux déſirs de tous mes amis: que ma mere & elle croioient dévoir attribuer ma reſolution à la manière dont on avoit commencé avec moi, & à l'idée où j'étois que dans l'origine, mon frere avoit eu plus de part aux propoſitions de M. Solmes, que mon pere & mes autres amis: enfin qu'elles ſouhaitoient toutes deux de pouvoir me fournir quelque excuſe raiſonnable, pour revenir honêtement de mon oppoſition. Pendant cet exorde, Bella chantonnoit, ouvroit un livre & puis un autre: d'un air penſif, mais ſans paroître diſpoſée à ſe mêler dans la converſation. Ma tante, après m'avoir repréſenté que mes reſiſtances étoient inutiles, parce que l'honneur de mon pere ſe trouvoit engagé, s'eſt jettée ſur les loix de mon dévoir, avec plus de force que je ne m'y ſerois attendue ſi ma ſœur n'avoit pas été préſente. Je ne repêterai pas quantité d'argumens, qui reviennent à ceux dont vous devez être laſſe de part & d'autre. Mais il faut vous inſtruire de tout ce qui a quelque air de nouveauté.

Lorſqu'elle a crû me trouver inflexible, (c'eſt ſon expreſſion) elle m'a dit que de

fon côté , elle ne diffimuloit pas que
M. Solmes & M. Lovelace lui paroif-
foient deux hommes qui devoient être,
également congédiés ; mais que pour fa-
tisfaire mes amis , je n'en étois pas moins
obligée de fonger au mariage , & qu'elle
panchòit affez pour M. Wyerley. Elle
m'a démandé , ce que je penfois de M.
Wyerley ?

Oui , Clary , a dit ma fœur , en s'approchant ; que dites-vous de M. Wyerley ?

J'ai pénétré auffi - tôt l'artifice. On
vouloit me mettre dans la néceffité de
m'expliquer ; pour tirer de ma reponfe
une preuve de ma prévention abfolue
en faveur de M. Lovelace. Le piége
étoit d'autant plus adroit, que M. Wyerley publie hautement l'eftime qu'il a pour
moi , & que du côté du caractère comme
de celui de la figure il a beaucoup d'a-
vantage fur M. Solmes. Il m'eft venu à
l'efprit de faire tourner cette rufe con-
tr'eux , en effaiant combien on pouvoit
fe relâcher des intérêts de M. Solmes,
puifqu'on ne pouvoit s'attendre aux mêmes offres de la part de M. Wyerley.

Dans cette vûe , j'ai démandé fi ma
reponfe , en fuppofant qu'elle fût favorable à M. Wyerley , me délivreroit des

perfécutions de M. Solmes;car j'avouois, ai-je ajoûté , que ;e n'avois pas pour l'un l'averfion que j'avois pour l'autre.

Ma tante m'a répondu , que fa commiffion ne s'étendoit pas fi loin; & qu'elle favoit feulement que mon pere & ma mere ne feroient pas tranquilles , auffi longtems qu'ils ne verroient pas les efpérances de M. Lovelace entiérement ruinées par mon mariage.

Fine créature ! a dit ma fœur. Cette réflexion , joint à la maniére dont elle avoit fait fuccéder fa queftion à celle de ma tante , m'a confirmé qu'on me tendoit un piége.

Eh quoi , chere Madame ! ai-je repris: me faites-vous des propofitions qui n'ont aucun objet , pour foûtenir le fiftème de mon frere ? N'ai je donc aucune efpérance de voir finir mes peines & ma difgrace, fans qu'un homme odieux me foit préfenté? On rejette donc toutes mes offres! cependant, elle devoient être acceptées ; j'ofe le dire.

Enfin , ma niéce ; s'il ne vous refte aucune efpérance, je ne m'imagine pas que vous vous croiez abfolument difpenfée de l'obéïffance qu'une fille doit à fes parens.

Pardonnez-moi , a dit ma Sœur ; je

ne doute nullement que le but de Miſs-
Clary , s'il lui eſt impoſſible de joindre
ſon cher Lovelace , ne ſoit de reprendre
ſa terre entre les mains de mon pere , &
d'y aller vivre dans cette indépendan-
ce qui eſt le fondement de ſa perverſité. Et là , mon cher cœur , mon petit
amour , quelle honorable vie vous mene-
rez ! Madame Norton , votre oracle , à
la tête de votre maiſon ; vos pauvres à la
porte ; vous, confondue dans la trouppe
déguenillée , avec un mélange d'orgueil
& de baſſeſſe , & fort ſupérieure dans vos
idées à toutes les femmes de la Province
qui n'auront pas ces nobles inclinations:
les pauvres déhors , ai-je dit , mais Lovelace dedans ; c'eſt - à - dire , bâtiſſant
votre reputation d'une main & la détrui-
ſant de l'autre. Le charmant ſiſtème !
Mais apprenez , ma petite fugitive , que
les volontés d'un grand-pere mort ſeront
reſtraintes par celles d'un pere vivant ; &
qu'on diſpoſera de la terre, comme mon
grand-pere l'auroit fait s'il eût aſſez vecu
pour voir un ſi grand changement dans
ſa favorite. En un mot , elle ne retour-
nera pas entre vos mains , ſi l'on ne vous
reconnoit aſſez de diſcretion pour en faire
un bon uſage ; ou juſqu'à ce que l'âge
vous autoriſe à reclamer les loix , pour
l'arracher

l'arracher *respectueusement* à votre pere.

Fi , Miſs-Harlove , lui a dit ma tante. Ce langage n'eſt pas digne d'une ſœur.

O Madame , laiſſez-là continuer. Ce n'eſt rien en comparaiſon de ce que j'ai déja ſouffert de Miſs-Harlove. Elle ne conſulte que l'emportement de ſa jalouſie , ou des ordres ſupérieurs auxquels mon dévoir eſt de me ſoumettre Je lui repondrai ſeulement, que pour la revocation de mes droits , je ſais à quoi je ſuis autoriſée ; & rien ne m'empécheroit d'y rentrer ſi j'en avois le deſſein. Mais c'eſt une idée qui ne me vient pas même à l'eſprit. Aiez la bonté , Madame , de faire connoître à mon pere que les traitemens les plus durs , les conſequences les plus facheuſes , ne me feront jamais chercher des reſſources contraires à ſa volonté ; dût-il me reduire à l'indigence , & me chaſſer de ſa maiſon ; ce qui ſeroit peut-être préférable pour moi, au chagrin d'y être empriſonnée & outragée comme je ſuis.

Sur ce point, chere niéce , m'a repondu ma tante , ſi vous étiez mariée , vous ſeriez obligée de vous conformer aux intentions de votre Mari;& ſi ce mari étoit M. Lovelace , on ne ſauroit douter qu'il ne ſaiſit ardemment l'occaſion de jetter

de nouveaux troubles dans les familles.
Au fond, ma niéce, s'il avoit une véritable confidération pour vous, on n'en-
tendroit point parler continuellemenr de
fes bravades. Il paſſe pour un homme
fort vindicatif. A votre place, Miſs-
Clary, je craindrois, & même fans l'avoir
offenſé, qu'il ne fit quelque jour tomber fur moi cette vengeance dont il ne
ceſſe point de ménacer la famille.

Ses ménaces, ai-je repris, ne font
qu'un retour aſſez naturel pour celles
~u'on lui fait tous les jours. Tout le mon-
n'eſt pas auſſi difpofé que moi à fouf-
~r des infultes. Mais étoit-il moins
~nnu qu'aujourdhui, lorſqu'il fut intro-
~uit ici pour la premiére fois ? On étoit
perſuadé alors que le mariage, que la
difcretion d'une femme, produiroit des
miracles. Mais j'en ai trop dit, ai-je
ajoûté en me tournant vers ma fœur.
D'ailleurs je repête, comme je l'ai fait
vingt fois, qu'il ne feroit pas queſtion
de M. Lovelace, fi j'étois traitée géné-
reufement.

Ma tante, interrompant quelque reponfe injurieufe de ma fœur, m'a repréfenté encore qu'on ne pouvoit être tranquille fi l'on ne me voioit mariée. On
aſſure, à-t'elle continué, que pour apai-

ſer M. Lovelace , vous offrez de lui promettre que ſi vous n'êtes pas ſa femme,
vous ne ſerez jamais celle de perſonne.
C'eſt faire ſuppoſer que vous êtes fort
avancée avec lui.

J'avoue naturellement, ai-je repondu, que
je n'ai pas connu de meilleure voie pour
prévénir de nouveaux malheurs. Et ſi
l'on ne veut pas que je penſe à lui , il n'y
a point d'autre homme au monde à qui je
puiſſe penſer favorablement. Cependant
je donnerois volontiers tout ce que je poſſéde, pour le voir engagé d'un autre côté.
Oui , volontiers , Bella ; quoique je
vous voie ſourire malignement.

Cela peut-être , Clary ; mais vous ne
ſauriez m'empécher de ſourire.

*Si l'on ne veut pas que vous panſiez à
lui*, a repété ma tante. J'entens ce langage, Miſs-Clary. Il eſt tems que je deſ-
cende. Deſcendons-nous, Miſs Harlove?
Je tacherai d'engager votre pere à permettre que ma ſœur monte elle-même.
Il en reſultera peut-ètre quelque événement plus heureux.

Je prévois , a dit Bella , ce qui ne
manquera pas d'en reſulter. Ma mere
& Clary ſe noieront dans leurs larmes;
mais avec cette différence dans les effets,
que ma mere reviendra percée juſqu'au

fond du cœur, & que ma sœur Clary n'en fera que plus endurcie de l'avantage qu'elle s'applaudira d'avoir obtenu fur la tendreffe de ma mere. Si vous le voulez favoir, Madame, c'eft la raifon qui a fait condamner cette jolie perfonne à garder fa chambre.

Elle a pris ma tante par la main; & moi, fans répliquer un feul mot, je leur ai laiffé prendre à toutes deux le chemin de l'efcalier.

LETTRE XLIV.

Mifs CLARISSE HARLOVE, *à Mifs* HOWE.

MOn cœur étoit fufpendu entre l'efpérance & la crainte de voir ma mere; pénétré d'ailleurs de la douleur & de la confufion de lui avoir caufé tant de chagrins. Je l'attendois en tremblant : mais j'aurois pû m'épargner ces agitations; on ne lui a pas permis de monter. Ma tante a eu la bonté de revenir, mais accompagnée de ma fœur. Elle m'a pris la main. Elle m'a fait affeoir près d'elle.

Je dois vous avouer, m'a-t'elle dit, que fi je reviens pour la derniére fois, malgré le sentiment de votre pere, c'est pour vous rendre un bon office; parce que je suis férieufement allarmée des conféquences de votre obstination. Enfuite elle a recommencé à me mettre devant les yeux l'attente de tous mes amis, les richeffes de M. Solmes, qui font bien au-deffus de ce qu'on s'est jamais imaginé, l'avantage des articles, la mauvaife reputation de M. Lovelace, l'averfion que toute la famille a pour lui; chaque circonstance revêtue des plus fortes couleurs, quoiqu'elles ne l'aient pas été plus que celles des mêmes peintures dans la bouche de ma mere: d'où je conclus que ma mere n'a rendu compte à perfonne de ce qui s'est paffé entr'elle & moi, puifqu'autrement ma tante ne m'auroit pas repété la plupart des chofes qui m'avoient déja été repréfentées inutilement.

Elle m'a dit, que c'étoit percer le cœur de mon pere, que de lui donner lieu de croire qu'il n'avoit pas d'autorité fur fes enfans, particuliérement fur une fille qu'il avoit toujours aimée jufqu'à l'adoration; & qu'il n'y avoit pas d'extrémités par conféquent où cette exceffive tendreffe, changée en indignation, en haine, en fureur, ne fût capable de le porter.

Là, joignant les mains, avec la plus pref-
fante bonté ; je vous conjure, ma chere
niéce, pour moi, pour vous-même,
pour tout ce qui vous eſt cher au monde,
de ſurmonter une malheureuſe prévention, de détourner les maux dont vous
êtes ménacée, & de faire le bonheur de
tout le monde, en vous garantiſſant des
plus facheuſes diſgraces. Faut-il me jetter à vos genoux, ma très-chere Clary !
Oui, je m'y jetterai volontiers.... Et
dans l'ardeur de ce tranſport, elle s'y
eſt jettée effectivement; & moi avec elle,
baiſſant la tête de confuſion, la ſuppliant
de ſe lever, jettant mes bras autour d'elle,
& mouillant ſon ſein de mes larmes !

O ma chere Tante, ma tante bien
aimée ? Quel excès de bonté & de con-
deſcendance ! levez vous, helas ! levez-
vous. Vous me déchirez le cœur, par
des marques ſi incroiables de tendreſſe.

Dites, ma très-chere niéce, dites
que vous voulez obliger tous vos amis !
Dites-le, je vous en conjure, ſi vous
nous aimez.

Helas ! comment vous promettre ce
que je mourrois plutôt que d'exécuter !

Dites du moins, ma chere, que vous
prendrez du tems pour y réflechir ; que
vous en prendrez pour raiſonner avec

vous-même. Donnez nous du moins quelque espérance. Que ce ne soit pas envain que je vous presse & que je vous conjure à genoux.

Elle ne quittoit pas cette posture , & je gardois la mienne aussi devant elle.

Quelle étrange situation ! si j'étois capable d'un doute , ma chere tante , je le serois bientôt de vaincre. Ce qui paroît un puissant motif à mes amis , n'en peut être un pour moi. Combien de fois l'ai-je repété. Qu'il me soit permis de vivre fille. Est-ce une faveur qu'on ne puisse m'accorder ? Qu'on me laisse partir pour l'Ecosse, pour Florence , pour tout autre lieu qu'on voudra choisir. Qu'on m'envoie aux Indes en qualité d'esclave. Je puis consentir à tout. Mais je ne m'engagerai point, par des sermens , à vivre avec un homme qu'il m'est impossible de supporter.

Bella gardoit le silence , les mains levées, comme dans l'admiration de mon endurcissement. Je vois , m'a dit ma tante en se levant , que rien ne peut flechir votre esprit. À quoi servent les ménagemens ? à interrompu ma sœur. Vous voiez, Madame , que c'est bonté perdue. Déclarez lui nettement à quoi elle doit s'attendre. Prononcez lui sa sentence.

L iv

Ma tante, la prénant par la main , s'est retirée vers une fenêtre , les larmes aux yeux. Je ne puis , Miſs , en vérité je ne puis , lui a-t'elle dit doucement (mais j'entendois juſqu'au moindre mot); il y a bien de la dureté dans la maniére dont on la traite. C'eſt un cœur noble , après tout. Quel malheur que les choſes aient été pouſſées ſi loin ! Mais il faut engager M. Solmes à ſe déſiſter.

Eh quoi , Madame , lui a repondu ma ſœur , d'une voix ſourde mais fort animée , vous laiſſez-vous prendre auſſi par cette petite Syrene? Ma mere a bien fait de n'être pas venue. Je doute ſi mon pere même , après avoir etté ſon premier feu, ne ſe laiſſeroit pas vaincre par ſes artifices. Il n'y a que mon frere , j'en ſuis ſure , qui ſoit capable de la reduire.

Ne penſez point à faire monter votre frere , a repliqué ma tante ; je le trouve beaucoup plus furieux qu'il ne convient. Elle ne marque rien , dans ſes maniéres , qui ſente l'obſtination & la perverſité. Si votre frere venoit , je ne repondrois pas des ſuites ; car je l'ai crue deux ou trois fois prête à s'évanouir.

Ho , Madame , elle a le cœur plus fort que vous ne vous l'imaginez. Vous voiez ce qui vous revient , de vous être

C. Eisen inv.   P.F. Tardieu de la Montagne Sc.

mife à genoux devant elle.

Ma tante eft demeurée dans fes réflexions, à la fenétre, le dos tourné vers
moi. Ce tems a paru propre à Bella pour
m'infulter encore plus barbarement. Elle
eft paffée dans mon cabinet, où elle a
pris les échantillons que ma mere m'a-
voit envoiés ; & me les apportant, elle
les a étendus près de moi fur une chaife.
Elle me les a montré l'un après l'autre,
fur fa manche & fur fon épaule; & d'une
voix baffe, pour n'être point entendue de
ma tante, elle m'a donné ironiquement
fon avis fur chaque couleur : cette étoffe
fera fans doute pour le jour de la noce ;
celle-là pour le lendemain. Qu'en dites-
vous, mon amour ? Et ce fond de velours cramoifi ? Je le trouve admira-
ble pour un auffi beau teint que le votre.
Quel éclat il va vous donner ! Vous fou-
pirez, ma chere (en effet, la douleur
m'arrachoit quelques foupirs) ! Et ce
velours noir, fera-t'il mal, à votre avis,
avec des yeux fi charmans ! Lovelace, ne
vous dit-il pas que vous avez des yeux
adorables ? Mais quoi, l'Amour. Vous ne
repondez rien. Et les diamans donc, les
dentelles......

Elle auroit continué, fi ma tante n'é-
toit revenue vers nous en s'effuiant les

yeux. Quoi ? Mefdemoifelles ? Un entretien fecret ? Vous paroiffez fi gaie & fi contente , Mifs-Harlove , que j'en conçois beaucoup d'efpérance.

Ma fœur a repondu qu'elle me donnoit fon avis fur les étoffes; à la vérité, fans que je l'en euffe priée ; mais que je paroiffois approuver fon jugement par mon filence.

O Bella ! lui ai-je dit , plût-au-Ciel que Mr. Lovelace vous eût prife au mot! votre jugement fe feroit exercé pour votre propre intérêt , & nous aurions été toutes deux fort heureufes. Eft-ce ma faute, je vous prie , s'il en eft arrivé autrement? Ce difcours l'a rendue furieufe , jufqu'à me donner des noms injurieux. Eh quoi, ma fœur , ai je repris , vous paroiffez fachée ; comme fi deux mots fi fimples renfermoient plus de fens que je n'ai peut-être eu deffein de leur en donner. Mes vœux font fincères pour vous , comme pour moi & pour toute la famille. Qu'ai je donc dit de fi picquant ? Ne me donnez pas lieu de foupçonner , chere Bella , que j'ai trouvé le véritable nœud de la conduite que vous tenez avec moi , & qui eft inexplicable jufqu'à préfent de la part d'une fœur.

Fi , fi , Mifs-Clary ; m'a dit ma tante.

Les railleries outrageantes ne faisant qu’augmenter dansla bouche de ma sœur; prenez garde , lui ai - je dit encore, que vous ne soiez moins propre à lancer des traîts qu’à les recevoir. Si je voulois me servir de vos propres armes , je vous conseillerois de voir un moment quelle pauvre figure cette étoffe fait sur votre épaule.

Fi , fi , Miss-Clary , a répété ma tante.

C’est à Miss-Harlove , Madame , que vous auriez dit , *fi*, *fi*, si vous aviez entendu la moitié seulement de ses barbares insultes.

Descendons, Madame , a dit ma sœur avec une extrême violence. Laissons enfler cette créature,jusqu’à ce qu’elle creve de son propre venin. Dans la colere où je suis , c’est la derniére fois que je veux la voir.

Si j’avois le cœur assez bas , lui ai-je dit , pour suivre un exemple que je condamne , il m’est si facile de faire tourner ces outrages à votre confusion , qu’il me paroît surprenant que vous osiez vous y exposer. Cependant , Bella , puisque vous êtes prête à descendre , soyez capable de me pardonner , & je vous pardonne aussi. Vous y êtes obligée doublement, & par votre qualité d’ainée , & par la cruauté que vous avez eue d’offenfer une fœur qui eft dans l'affliction. Puiffiez-vous être heureufe, quoique je fois ménacée de ne l'être jamais! Puiffiez-vous ne jamais éprouver la moitié de mes peines! votre confolation fera du moins, de n'avoir pas une fœur qui foit capable de vous traîter comme vous m'avez traîtée.

Que tu es une.....! & fans me dire ce que j'étois, elle s'eft précipitée vers la porte.

Souffrez, Madame, ai-je dit à ma tante, en me mettant à genoux devant elle, & ferrant les fiens de mes deux bras, fouffrez que je vous retienne un moment! non pour me plaindre de ma fœur, qui doit trouver fa punition dans elle-même, mais pour vous remercier d'une bonté qui excite ma plus vive reconnoiffance. Je vous demande feulement de ne pas attribuer à mon obftination la fermeté inebranlable que j'ai marquée pour une tante fi chere, & de me pardonner tout ce que que j'ai dit ou ce que j'ai fait de mal à propos fous vos yeux. Le Ciel m'eft témoin qu'il n'y eft entré aucun fiel contre la pauvre Bella. J'ofe dire, que ni elle, ni mon frere, ni mon pere même, ne connoiffent pas le cœur qu'ils font faigner fi cruellement.

J'ai été bien confolée , ma chere Mifs-Howe , de voir quel effet l'abfence de ma fœur a produit tout d'un coup. Levez-vous, ame noble ! fille charmante ! (ce font les obligeantes expreffions de ma tante) ne demeurez point dans cette pofture devant moi ! Gardez pour vous feule ce que je vais vous dire : j'ai plus d'admiration pour vous que je ne puis l'exprimer : fi vous pouvez éviter de reclamer vos droits fur la terre de votre grand pere , & fi vous avez la force de renoncer à Lovelace, vous continuerez d'être la plus grande merveille que j'aie connue à votre âge..... Mais je fuis obligée de defcendre avec votre fœur. Voici mes derniers mots : conformez-vous , fi vous le pouvez, aux volontés de votre pere. Quel mérite ne vous ferez-vous pas par votre foumiffion ! Demandez-en la force au Ciel Vous ne favez pas tout ce qui peut arriver.

Un mot, ma chere tante ! encore un mot, (car elle me quittoit); emploiez tout votre credit pour ma chere Madame Norton. Elle eft fort mal dans fes affaires. S'il lui arrivoit de tomber malade, elle auroit beaucoup de peine à fubfifter fans le fecours de ma mere. Il ne me reftera aucun moien de la foulager, car je manquerai plutôt du néceffaire que de reclamer mes droits Et je puis vous affurer qu'elle m'a fait de fi fortes repréfentations, pour me porter à l obéïffance, que fes argumens n ont pas peu contribué à m'affermir dans la refolution d'éviter toutes les voies extrêmes, auxquelles je prie le Ciel, néanmoins, de n'être jamais forcée. Hélas! on ne laiffe pas de m'ôter le fecours de fes confeils, & l'on penfe mal d une des plus vertueufes femmes du monde!

Je fuis ravie de ces fentimens, m'a dit ma tante; & recevez ce baifer, & celui-ci, & celui-ci encore, ma charmante niéce, (car elle me nommoit ainfi prefque à chaque mot, en preffant mes joues de fes levres, & ferrant fes bras autour de mon cou) ; que le Ciel vous protége! qu'il vous ferve de guide! Mais il faut vous foumettre. Je vous déclare qu'il le faut. En un mot, on ne vous accorde qu'un mois. Et fouvenez-vous, Mifs, qu'il faut obéïr.

Je fupofe que cette déclaration eft ce que ma fœur avoit nommé ma fentence. Cependant, elle n'a rien de pire que celle qu'on m'avoit déja prononcée. Il m'a paru que ma Tante affectoit d'élever la voix en repétant ces derniers mots : *Et fouvenez - vou , Mifs , qu'il faut obéïr*. Elle m'a quittée auffi - tôt.

Tout ce que j'ai reſſenti, dans cette cruelle ſcene, ſe renouvelle en vous l'écrivant. Ma plume tombe de mes mains, & je vois toutes les couleurs de l'Arc-en-Ciel, au travers d'un déluge de pleurs.

Mercredi à cinq heures.

J'Ajouterai quelques lignes. Ma tante, en me quittant, a trouvé ma ſœur qui l'attendoit au bas de l'eſcalier, & qui lui a reproché de s'être arrêtée long-tems après elle. Cependant elle a loué ſes derniers mots, qu'elle peut fort bien avoir entendus, & elle s'eſt écriée ſur mon obſtination : l'auriez-vous crû, Madame, que votre Clariſſe, cette fille ſi chere à tout le monde, fut d'un ſi mauvais caractère ? Et qui, de ſon pere ou d'elle, comme vous lui avez dit, eſt obligé à la ſoumiſſion ? Ma tante a repondu d'un ton qui marquoit de la pitié ; mais je n'ai pû diſtinguer ſes termes.

N'admirez-vous pas, ma chere, cette étrange perſevérance dans une entrepriſe ſi peu raiſonnable ? Mais je m'imagine que mon frere & ma ſœur donnent continuellement de mauvaiſes interprétations à tout ce qui vient de moi ; & malheureuſement je n'ai perſonne qui oſe prendre ma défenſe. Ma ſœur dit, que ſi l'on *m'avoit crue si brave*, (*) on n'auroit point engagé le combat avec moi. Ils ne savent comment concilier mon obstination supposée avec mon caractère établi, & leur espérance est de me fatiguer à force de varier leurs attaques. Vous voiez que mon frere est déterminé *à me faire plier*, ou à quiter le Château d'Harlove pour ne le revoir jamais. La question se reduit à perdre un fils ou à faire plier une fille, la plus perverse & la plus ingrate qu'on ait jamais vûe ! voilà le jour sous lequel les choses sont présentées. Elles seront poussées bien plus loin ; je m'y attens & je n'en doute pas. Mais qui peut deviner quelles seront leurs nouvelles mésures ?

Je ferai partir, avec cette lettre, ma reponse à la votre de Dimanche dernier. Elle partira telle qu'elle est ; car elle seroit longue à copier, & je n'en ai pas le tems. Cependant je crains, ma chere, d'y avoir poussé mes libertés trop loin, dans plus d'un endroit. Mais je n'ai pas l'esprit assez tranquille, pour y rien changer. Ne soiez pas fachée contre moi : je vous avertis que si vous pouvez en excuser un ou deux endroits, ce sera parce qu'ils viennent *de votre meilleure amie*,

Cl. Harlove.

* Dans une Lettre précédente.

Fin du premier volume.